A PRELIMINARY STUDY FOR ENERGY STRUCTURAL REFORM FROM BOTH DEMAND- AND SUPPLY-SIDE

能源供需两侧结构性改革初探

王仲颖　张有生　等◎著

中国经济出版社
CHINA ECONOMIC PUBLISHING HOUSE
北京

图书在版编目（CIP）数据

能源供需两侧结构性改革初探 / 王仲颖等著.
—北京：中国经济出版社，2018.10
ISBN 978 -7 -5136 -5381 -7
Ⅰ.①能… Ⅱ.①王… Ⅲ.①能源需求—经济改革—研究—中国
Ⅳ.①F426.2

中国版本图书馆 CIP 数据核字（2018）第 227356 号

责任编辑 姜 静
责任印制 马小宾
封面设计 久品轩

出版发行 中国经济出版社
印 刷 者 北京富泰印刷有限责任公司
经 销 者 各地新华书店
开　　本 710mm×100mm 1/16
印　　张 15
字　　数 184 千字
版　　次 2018 年 10 月第 1 版
印　　次 2018 年 10 月第 1 次
定　　价 69.00 元
广告经营许可证 京西工商广字第 8179 号

中国经济出版社 **网址** www.economyph.com **社址** 北京市西城区百万庄北街 3 号 **邮编** 100037
本版图书如存在印装质量问题，请与本社发行中心联系调换（联系电话：010 -68330607）

作者团队

第一章

张有生　苏　铭　杨　晶
张建国　陶　冶　田　磊
符冠云　谷立静

第二章

张建国　符冠云
谷立静　熊华文

第三章

姜鑫民　田　磊
李　际　康晓文

第四章

陶　冶　杨　晶
郭晓雄

第五章

苏　铭　李　际
田　磊　刘　坚

第六章

王仲颖　陶　冶
刘　坚　郭晓雄

第七章

康晓文

全书统稿

张有生　杨　晶

前言

2015年11月10日，习近平总书记在中央财经领导小组第十一次会议上首次提出“供给侧改革”。同年12月，中央经济工作会议对“十三五”开局之年的经济工作做出了全面部署，强调要着力推进供给侧结构性改革，提高供给体系的质量和效率，增强经济持续增长动力，推动我国社会生产力水平实现整体跃升。《国民经济和社会发展第十三个五年规划纲要》进一步明确要“以供给侧结构性改革为主线，扩大有效供给，满足有效需求，加快形成引领经济发展新常态的体制机制和发展方式”。供给侧结构性改革是党中央、国务院做出的重大决策部署，是适应、把握、引领经济发展新常态的重大创新，是对中国特色社会主义政治经济学的重要发展，是我国“十三五”及未来较长一段时间的经济工作主线。

能源领域是供给侧结构性改革的主战场之一。能源是重要的生产要素，是国民经济的物质基础。能源产业是国民经济的重要组成部门，是国有资本高度集中的行业。能源供需两侧结构是否合理对经济和社会的可持续发展至关重要。改革开放以来，特别是21世纪以来，随着经济社会的快速发展，我国能源供应能力得到极大提升，但是，以高碳能源为主的能源供需体系的结构性问题越发突出，远不能满足因步入工业化中后期、进入中等收入国家行列而日益增长的优质能源服务需求。随着我国经济发展进入新常态，能源需求增长动力出现重大转换，由以工业部门驱动为主向交通、服务业、居民生活领域方向转变；平台经济、大数据、云计算、3D 打印、工业机器人等新兴产业不断涌现，对能源服务提出新的更高要求；另外，传统的能源行业产能过剩矛盾十分突出，已经严重影响国民经济的转型升级。以高碳能源为主的能源供需体系严重影响生态文明建设和“美丽中国”的实现，必须尽快加以改变。因此，亟须对能源供需两侧的结构性改革进行深入研究。

经过几年的切实推进，供给侧结构性改革已经初见成效，2016 年至 2017 年煤炭累计去产能 5.4 亿吨，能源行业正在从粗放式发展向集约式发展转变。2018 年以来，供给侧结构性改革思路有所调整，从总量性去产能转向结构性去产能、系统性去产能，这就要求能源供给侧和需求侧同时发力，实现供需协调发展。

本书聚焦能源供需两侧结构性改革这一重大问题，在系统梳理能源领域供需两侧结构性问题、分析能源领域改革方案实施效果的基础上，进一步研究和回答能源供需两侧结构性改革的含义、需要同时推进能源供需两侧结构性改革的原因、如何通过改革的办法解决能源供需两侧存在的结构性问题等。研究重点聚焦于化解能源行业产能过剩具体的对策措施、大幅增加绿色低碳能源有效供给的体制机制安排、合理引导和释放有效的能源需求、制定促进能源供需协调发展的长效机制等方面。

为了更好地回答以上问题，本书设立了专题篇。其中，第二章是能源需求侧结构性改革面临的重大问题，提出了经济新常态下能源需求的新特点、新趋势及对能源供给侧的新要求，给出了实现能源需求转型升级、能源需求有效引导能源供给的重点举措和政策建议。第三章是化解传统能源产能过剩的措施与对策，分析了煤炭、煤电、炼油等传统能源行业产能过剩的现状、已有政策实施情况和存在问题，提出了进一步化解过剩产能的对策建议。第四章是增加绿色低碳能源有效供给的体制机制，在分析绿色低碳能源无效供给过多而有效供给不足的表象和原因基础上，提出了创新发展方式、加强示范工程建设等重点举措，以及体制机制改革方面的政策建议。第五章是推进能源供需协调发展的体制机制，分析了高碳式供应与清洁化需求不协调、低水平供应与高品质需求不协调、不确定供应与波动性需求不协调这三大关键问题，提出了理顺高碳能源与清洁能源比价关系，加强能源企业成本约束与绩效考核，建立充分反映电力电量时间价值的市场交易机制等针对性机制设计，以及健全能源法制、扩大竞争范畴、健全能源监管体系、完善信息公开制度等政策建议。此外，针对热点问题，作者先后赴山西、内蒙古、陕西、山东、江苏、甘肃等地开展了实地调研，两份专题调研报告组成了本书的调研篇。

本书有以下主要结论和创新点：

第一，全面阐述了能源供需两侧结构性改革的内涵，论证了同时推进能源供需两侧结构性改革的必要性。能源供需两侧均是宏观经济供应侧的重要内容，能源供需两侧结构性改革是生态文明建设的客观需要，是低碳发展的必然选择，是建设现代能源体系的重要途径。因此，推进能源供需两侧结构性改革是时代发展的必然要求。由于能源供应侧、需求侧自身的结构性问题均十分突出，供需两侧之间协调性差、效率低，所以能源供需两侧的改革应相辅相成、互相促进，必须同步推进。

第二，总结出能源供需两侧存在的八大结构性问题。当前，“量”的问题已成为能源供需矛盾中的次要方面，“质”的问题上升为矛盾的主要方面，集中表现为：能源利用方式粗放，不合理和低效能源需求大量存在；高碳能源结构难以破除，绿色低碳能源供给弱；高碳能源生产能力过剩，企业经营困难；能源供应体系协调性差，内部冲突加剧；能源供应侧系统灵活性不足，需求侧智能化发展受限；人均电力消费水平低，电力消费在部门和地区间不平衡；能源基础设施不足，普遍服务水平不高；能源开发利用与生态保护之间矛盾加剧，生态环境恶化。

第三，挖掘出导致能源供需两侧结构性问题的七大深层次原因。既有宏观层面原因，又有微观层面原因；既有市场性因素，又有非市场性因素；既有政府管理原因，又有企业经营原因。主要包括：粗放式发展理念依然存在，中央战略决策落实不到位；政府能源管理体制深层次矛盾凸显，改革滞后于发展要求；现代能源市场体系建设滞后，要素远未健全；激励能源绿色低碳转型的市场化机制不完备；现行投融资和财税体系强调短期收益，绿色调控能力弱；能源国企市场化运营程度低，监管不足；技术创新制度不完善，绿色低碳产业竞争力弱。

第四，提出解决能源供需两侧结构性问题的改革思路。按照党和国家推进供给侧结构性改革工作的总体部署，聚焦能源供需两侧结构性问题，以“去产能、去杠杆、降成本、补短板”和“两转变、两推进、一削减、一增加”为工作重点，以“稳、准、活、实、托底”为政策实施的基本要求，调整存量、优化增量、创新模式，着力破解传统能源产能过剩、可再生能源发展瓶颈制约、能源系统整体运行效率不高、能源供需不协调等突出问题，大力推进能源发展方式从粗放式发展向集约高效式发展转变，能源管理方式从以行政审批为主向加强监管和推进改革与技术创新转变，促进能源企业提质增效；要创新能源体制机制，充分发挥价格机制的调节作用，注重发挥财税政策的引导作用，强化政府与公众监管的约束作用，努力提升能源领域公共服务水平，构建清洁低碳、安全高效的现代能源体系。提出坚持创新驱动、坚持绿色低碳发展、坚持市场决定、坚持节约优先、坚持公平共享五大原则。

第五，提出能源供需两侧结构性改革的八项重点举措。能源供需两侧结构性矛盾突出，应重点开展以下工作：短期与长期兼顾，市场调节与政府管理并举，推进煤炭、炼油去产能；分类优化利用煤电产能存量，强化国家电力规划引导约束作用；分类施策，积极稳妥抑制能源企业债务风险；从快降低企业用电、用气成本，全环节降低能源企业生产成本；弥补能源硬件和软件短板，提高灵活供应和能源服务水平；转变工业化和城镇化发展模式，抑制不合理能源需求；强化系统节能和整合设计，提高能源利用效率；增加清洁低碳能源需求，优化终端用能结构。

第六，提出促进能源供需两侧结构性改革的五方面建议。围绕有责政府、有效市场和有序社会建设，补齐政府能源管理和能源法律标准短板；加快现代电气和油气市场体系建设；理顺高碳能源与清洁能源的比价关系；强化垄断性国有企业成本约束与绩效考核；完善提高能效的激励约束机制。

本书是中国宏观经济研究院2016年度重点课题研究成果。该研究工作得到了国务院研究室、国务院发展研究中心、国家发展改革委、国家能源局、中国经济改革研究基金会、国家发展改革委宏观经济研究院以及国家发展改革委能源研究所等单位领导、专家的指导与帮助，在此表示衷心感谢。研究过程中，作者与山西、内蒙古、陕西、山东、江苏、甘肃等省区相关部门的领导和专家进行了广泛研讨，在此对提供帮助的单位和同仁表示衷心的感谢！

近两年供给侧结构性改革工作进展较快，现实情况发生了很多变化，由于时间和能力有限，书中的研究成果未能完全体现新的形势和思路。本书内容立足于改革之初，呈现了当时遇到的问题和一些思考，希望对读者有所裨益。不足之处，欢迎读者批评指正！

作者

2018年9月21日

目录

专题篇　稳步推进能源供需协调发展

调研篇　典型地区案例探析

总览篇

中国能源供需两侧结构性改革概览

第一章
Chapter One

中国能源供需两侧结构性改革势在必行

在我国经济发展进入新常态、经济体制改革步入深水区的背景下，2015 年底中央首次提出推进供给侧结构性改革，在适度扩大总需求的同时，着力加强供给侧结构性改革，提高供给体系质量和效率，增强经济持续增长动力，推动我国社会生产力水平实现整体跃升。《国民经济和社会发展第十三个五年规划纲要》明确，要“以供给侧结构性改革为主线，扩大有效供给，满足有效需求，加快形成引领经济发展新常态的体制机制和发展方式”。宏观经济领域的供给侧结构性改革，在战略上要打好“持久战”，在战术上要打好“歼灭战”，主要是抓好去产能、去库存、去杠杆、降成本、补短板“五大重点任务”。落实宏观政策要稳、产业政策要准、微观政策要活、改革政策要实、社会政策要托底“五大政策支柱”。由此可见，供给侧结构性改革是党中央、国务院做出的重大决策部署，是适应、把握、引领经济发展新常态的重大创新，是对中国特色社会主义政治经济学的重要发展，将成为我国“十三五”及未来较长一段时期的工作主线。

能源产品是重要的生产要素，能源价格牵涉各行各业和千家万户，是国民经济的物质基础。能源产业是国民经济的重要组成部门，是投资的重点领域之一，国有资本占比普遍较高。此外，能源是社会创新的重要领域，从历史上看，历次能源技术变革都对经济和社会的发展起到了重要的推动作用。因此，能源领域供需两侧结构性改革对经济和社会的可持续发展至关重要。随着经济社会的发展、产业的不断升级以及人们生活质量的提高，对能源领域的要求也不断发生变化，既有能源需求总量的增加，更有需求结构和质量的改变。这就要求能源供应必须不断变革和创新，努力适应新的能源需求。然而，近年来为满足持续扩大的能源需求，能源供应偏重总量平衡，结构性矛盾却越发突出。为解决这些结构性矛盾，合理引导和释放有效的能源需求，促进能源供应适应需求变化，实现绿色能源转型，推进生态文明建设，亟须对能源供需两侧结构性改革进行深入研究，挖掘导致结构性问题的深层次原因，提出能源供需两侧结构性改革的总体思路和原则，明确改革在近中期的重点举措，并提出能源供需两侧结构性改革的政策建议。

一、同时推进能源供需两侧结构性改革的四大原因

我国经济发展已进入新常态。站在新发展阶段的历史起点上，习近平总书记基于当前我国生产力水平难以满足人民对物质产品和精神文化产品的需求、传统产业有效拉动经济增长的动力减弱、供给侧成为矛盾的主要方面等经济运行实际，创新性地提出要在适度扩大总需求的同时，着力加强供给侧结构性改革，推动我国社会生产力水平实现整体跃升。我们之所以要在宏观经济领域强调供给侧结构性改革的同时，强调在能源领域进行供需两侧结构性改革，有以下几方面的原因：

（一）能源供给侧结构性问题极其严重

经过几十年，特别是近十几年来的快速发展，我国能源供应能力得到极大提升。我国已经成为世界上第一大能源生产国，煤炭产量、火电与水电装机容量、风能和太阳能利用规模均居世界第一，能源供应能力的提升有力地推动了我国经济社会快速发展。但是，在能源供应迅速扩大的同时，能源供应侧结构性问题越发严重。煤炭产能严重过剩，火电利用小时数显著下降，弃水、弃风、弃光规模不断扩大，石油加工与炼制设备负荷率持续走低，基础设施薄弱，应急与调峰能力差，能源企业缺乏竞争力，等等，能源供给侧结构性问题已经严重迟滞能源转型升级的步伐，推进能源供给侧结构性改革是形势使然。

（二）能源需求侧结构性问题十分突出

随着宏观经济步入新常态及能源消费总量和能源强度“双控”工作的不断推进，能源消费增量和增速均出现明显下降，能源利用效率不断提升，用能结构有所改善。但总的来看，我国能源需求侧依然存在利用方式粗放、总体效率不高、能源结构不合理、终端电气化比例偏低、能源开发利用带来的污染物和温室气体排放总量大、能源普遍服务和个性化服务水平有待提升等多方面的结构性问题，必须下大力气推进能源需求侧结构性改革。

（三）能源供需两侧协调性差

经济增长放缓，使长期以来作为能源需求增长主要驱动力的工业用能增加量明显减少，高耗能工业甚至呈现负增长。一方面，能源需求进入“三低”阶段，即能源消费年增量明显降低、年增速明显降低，能源消费低碳化趋势日益明显，经济发展与高碳能源需求增长脱钩的态势已初步显现。但是能源供给侧并未做出及时响应，甚至有些地方仍依靠增加能源投资来“稳增长”，能源投资规模居高不下，年新增能源生产能力是新增需求的数倍，能源供给出现严重过剩。

另一方面，建设“美丽中国”已成为中华民族伟大复兴“中国梦”的核心内容，增加绿色低碳能源消费、提高绿色低碳能源比重是建设生态文明的必然要求。但是，能源供给侧依然维持高碳的能源结构，能源供应系统并未做出及时调整和改进，配套性差，使得水能、风能、太阳能，甚至核能的弃用率逐步走高，一定程度上出现了“高碳驱逐低碳”的现象。同时，随着新能源汽车、平台经济、大数据、云计算等新产业新业态不断壮大，能源利用自动化、智能化、波动性的要求不断提高，但是适应能源需求新特点的能源供应系统远未形成，能源系统智能化水平依然较低。

能源供给侧越来越不适应经济发展和环境保护需要，“有效供给”特别是优质的、低碳的能源产品和服务严重不足，低效能源供给却严重过剩。能源供需两侧协调性越来越差，表现为突出的结构性问题。

（四）能源供需两侧结构性改革相辅相成、互相促进

能源供给侧和需求侧是辩证的统一。一方面，能源供需两侧紧密联系、相互促进，能源供应决定能源消费的数量、质量、对象和方式，能源需求对能源供应提出多层次要求，推动供应水平的提升和结构调整。比如，我国“富煤、贫油、少气”的资源特点决定了长期以煤为主的消费结构；绿色低碳的能源需求促进天然气、可再生能源、核电供应能力的快速增长，改善了能源供应结构。又如，我国能源资源的

分布特点决定了“西能东送、北能南送”总体布局；分布式能源需求的增长，正在推动能源供应方式由集中式向集中式与分布式并举转变。

另一方面，能源供给与能源需求又具有相对独立性，具有各自的内在规律。能源供应规模和方式与能源资源赋存特点、能源开发利用技术密切相关，能源消费量和利用效率则由经济发展水平、经济结构、能源利用技术、能源利用政策等决定。能源供给与需求在经济社会发展中发挥的作用也不尽相同。

因此，当前及今后一段时期，应着力同时推进能源供需两侧结构性改革，实现能源供需两侧的高水平平衡，相互促进，共同作用，推动经济良性运行。

二、推进能源供需两侧结构性改革是时代发展的必然要求

（一）能源供需两侧是宏观经济供给侧结构性改革的重要内容

能源是国民经济和社会发展的基础，能源活动关系经济社会领域的方方面面。能源生产链，即能源资源的勘探开发、加工转换、储备运输、进出口等供应环节所形成的相关产业链，其本身就是宏观经济的重要组成部分。与其他行业一样，能源领域供给侧也存在中低端产品（低质量煤炭、高含硫柴油等）过剩、高端产品（优质煤炭、高标号汽油等）不足、传统化石能源行业（煤炭、炼油）产能过剩、清洁能源（可再生能源、天然气）有效供给不足等结构性问题。

此外，能源产品为非能源行业提供生产要素，能源终端消费是非能源行业供给体系的组成部分。作为其他行业的供给侧，能源消费中

存在结构性的有效供给不足、低品位的高碳能源利用总量依然较大、能源粗放利用引发的生态环境恶化等问题。能源供需两侧存在的结构性问题已经对我国经济社会产生恶劣影响。因此，从能源角度来看，宏观经济领域供给侧结构性改革必然包括能源供需两侧结构性改革。反过来，由于能源是经济社会发展的物质基础，能源基础设施是经济发展、社会进步的重要支撑，能源供需两侧结构性改革也必将促进宏观经济领域的供给侧结构性改革。

（二）能源供需两侧结构性改革是生态文明建设的客观需要

面对资源约束趋紧、环境污染严重、生态系统退化的严峻形势，党的十八大明确提出大力推进生态文明建设，将其纳入中国特色社会主义事业“五位一体”总体战略布局，努力建设“美丽中国”。坚持生态优先成为我国今后相当一段时期经济社会发展的总基调。

我国当前高度依赖煤炭的粗放低效的能源发展方式，不仅导致资源大量浪费，而且造成了极为严重的环境污染，也使生态环境不断恶化，不仅制约了经济社会的发展空间，也与生态文明背道而驰。如果不加快推进能源供需两侧结构性改革，彻底改变高碳的能源结构、高污染的使用方式，推动能源绿色低碳转型发展，就难以实现经济社会绿色发展。继续维持现有能源开发利用模式，必将导致更严重的生态环境破坏，最终使经济走入“死胡同”。因此，着力推进能源供需两侧结构性改革，推动能源绿色低碳转型发展，改变既有能源生产和消费方式，不仅是能源发展自身的要求和内在驱动力，更是生态文明建设的客观需要。

（三）能源供需两侧结构性改革是低碳发展的必然选择

应对全球气候变化已经成为当今人类社会面临的共同挑战，发展绿色低碳能源已经成为世界范围内应对气候变化的共同选择。作为一个负责任的大国，我国将应对气候变化工作视为应尽的国际义务，更是实现自身持续发展的内在要求，并已向国际社会承诺在2030年乃至更早达到温室气体排放峰值。

随着我国工业化、城镇化的不断推进，能源利用总量和温室气体排放总量不断增加。目前，我国已成为世界上最大的温室气体排放国，排放量相当于美国和欧盟排放量之和；我国也是世界上温室气体排放年增加量最大的国家，约占世界年增加量的3/4；我国人均温室气体排放量已超过世界平均水平，接近欧盟的人均水平，应对气候变化工作面临的国际社会压力越来越大。

长期以来，受能源资源禀赋影响，我国能源供应和消费结构一直以煤为主，绿色低碳能源占一次能源和终端能源消费的比重较低。如果不尽快改变这种状况，我国温室气体排放达峰的承诺只会成为一句空话。因此，要加大能源供需两侧结构性调整力度，努力增加绿色低碳能源有效供应与利用规模。

（四）能源供需两侧结构性改革是建设现代能源体系的重要途径

为了有效应对我国能源发展面临资源约束趋紧、环境污染日趋严重、生态系统逐步退化、温室气体减排压力越来越大、能源技术水平总体落后的严峻形势，顺应世界能源低碳化、无碳化、智能化的新潮流，习近平总书记从国家发展和安全的战略高度，审时度势，提出推动能源生产和消费革命的总体战略。“十三五”规划纲要明确提出，要着力推动能源生产利用方式变革，优化能源供给结构，提高能源利用效率，建设清洁低碳、安全高效的现代能源体系。

为此，必须花大力气在能源供需两侧调整高碳能源结构，改变低效的开发利用方式，转变高污染发展路径，提高能源开发利用技术水平，推进能源供需两侧向绿色、低碳、智能、高效转变。当前，要着力采取多种措施，抑制高碳能源需求，为绿色低碳能源腾挪空间；化解传统能源行业产能过剩，深化能源国有企业改革，提高国有能源企业的竞争力，为能源企业发展绿色低碳能源卸下包袱，使其能够轻装前行。

三、能源供需两侧存在的结构性问题

我国能源供需两侧存在的结构性问题，既有需求侧、供给侧的问题，也有供需两侧协调的问题，包括不合理和低效能源需求大量存在、高碳能源结构难以破除、高碳能源生产能力过剩、能源供应系统协调性差、供需两侧互动不足、电气化水平低、能源普遍服务水平有待提高、能源开发利用与生态保护之间矛盾加剧等。

（一）能源利用方式粗放，不合理和低效能源需求大量存在

我国能源利用方式整体比较粗放，先进和落后产能并存的现象普遍存在，尽管我国节能工作取得了显著成效，但仍存在大量不合理、低效的能源需求。2013 年全社会能源利用总体效率仅为 36.8%，低于

发达国家约43%的效率水平；2014年我国单位GDP能耗是世界平均水平的1.7倍、欧盟水平的3.3倍①，不合理、低效的能源需求与未来能源需求集约、高效的新要求之间存在矛盾。我国传统经济发展模式粗放，重速度、轻质量，经济发展质量不高，能源资源浪费问题突出。

1. 房屋空置和建筑大拆大建带来能源浪费

在城市建设领域，一方面，为数不少的建筑处于空置状态，2013年我国城镇地区自有住房空置率达22.4%，大大超出发达国家5%～10%的住房空置率水平，全国城镇住宅总面积超过200亿平方米，至少有20亿平方米因超常空置而浪费，估计浪费能源1.7亿吨标准煤；另一方面，一些地方大搞房地产建设，一些远不到使用寿命期的建筑被提早拆除，全国每年建筑拆除面积约为当年新开工面积的15%、竣工面积的30%，仅2013年城镇建筑拆除面积就达6亿～7.5亿平方米，而房屋营造本身就是“高资源、高能源”消耗的过程，很多被拆除的建筑寿命都不到30年，资源浪费严重。2013年我国建筑业建造能耗超过10亿吨标准煤，新建建筑的建造能耗约占全社会一次能源消耗的16%②，可见仅每年拆除建筑的建造能耗浪费就占全社会一次能源消耗的5%以上。

我国建筑规模巨大，存量建筑面积达520多亿平方米，但建筑能源利用效率总体水平较低，存量建筑中节能建筑仅占30%，而且建筑节能标准只相当于欧洲国家20年前的水平，家电产品能效水平同国际

---

① 根据王庆一编著的《能源数据2015》测算。

② 清华大学建筑节能研究中心．中国建筑节能年度发展研究报告2016［M］．北京：中国建筑工业出版社，2016.

先进水平也有较大差距。

2. 基础设施超前建设透支未来能源需求

从基础设施建设看，已有相当一部分机场、公路出现过度超前建设和过剩、投资效益低下等问题，目前我国港口吞吐能力平均过剩30% ~40%；据不完全统计，我国“十二五”时期各地规划的高速公路里程达16.5万公里，是美国现有高速公路里程的两倍左右，远远超出合理发展规模，不合理的超前建设透支了未来发展空间和留给后代的资源，也产生了大量无效的能源需求。

3. 产能过剩和余能未被利用造成能源浪费

在工业领域，也存在因过度建设、重复建设造成系统效率降低、能源浪费严重的现象。2013年我国主要工业行业的产能利用率普遍低于80%，其中甲醇的产能利用率仅为51%，平板玻璃也只有62%，作为新兴战略性产业的光伏电池组件的产能利用率也不到65%，产能闲置造成对能源、资源的巨大浪费①。工业领域大量余热还没有被充分利用，现在回收利用的余热主要是高温烟气的显热和生产过程中排放的可燃气，中低温余热（低品位余热）基本未被回收利用。我国北方地区采暖季内低品位工业余热排放量约为1亿吨标准煤，若作为北方城市冬季供热热源，至少可以节约北方城市冬季供暖50%的能源消耗②。

从能源利用效率看，我国主要用能设备与国际先进水平比较仍有

① 国家发展和改革委员会能源研究所．能源生产和消费革命专题报告汇编［Z］．2015.

② 根据清华大学建筑节能研究中心研究测算。

较大差距，燃煤工业锅炉平均运行效率在70%左右，落后于国际先进水平10~15个百分点，电动机拖动系统平均运行效率也比国际先进水平低10个百分点以上。可见，系统性问题导致的能源浪费现象十分突出。

（二）高碳能源结构难以破除，绿色低碳能源供给弱

1. 高度依赖高碳能源的生产局面一直难以摆脱

长期以来，原煤产量占我国一次能源生产总量的比重都保持在70%以上，2002年以来的重化工加速发展时期，原煤生产占比曾上升到77%左右。虽然近年来比重有所下降，但2015年煤炭在我国一次能源生产中的比重仍高达72%，远远高于世界平均水平，煤炭产量占全球煤炭总产量的47%。2015年我国一次能源生产结构中，原油、天然气和非化石能源分别占8.5%、4.9%和14.5%，煤炭、原油合计超过了80%，高碳能源占绝对主导地位（见表1-1）。

表1-1　中国能源生产总量和构成

年份	能源生产总量（万吨标准煤）	构成（能源生产总量=100）（%）			
		原煤	原油	天然气	一次电力及其他能源
2010	312125	76.2	9.3	4.1	10.4
2011	340178	77.8	8.5	4.1	9.6
2012	351041	76.2	8.5	4.1	11.2
2013	358784	75.4	8.4	4.4	11.8
2014	361866	72.8	8.4	4.8	13.6
2015	362000	72.1	8.5	4.9	14.5

数据来源：国家统计局能源统计司．中国能源统计年鉴2015［M］．北京：中国统计出版社，2016.

2. 长期保持了以煤炭为主的高碳能源消费结构

如图 1－1 所示，2010—2015 年我国一次能源消费结构中，煤炭占比虽有下降，但始终占主导地位。2013 年我国煤炭消费量高达 42.44 亿吨，占一次能源消费量的 67%，远高于发达国家 10%～20% 的煤炭消费比重。随后两年受经济增长放缓影响，同时在大气污染防治和应对气候变化的压力下，我国煤炭消费总量与占比显现“双降”态势，但 2015 年几乎消耗了全球约一半的煤炭消费量，煤炭在一次能源消费中的占比仍高达 64%。我国煤炭主要应用于工业、发电、居民生活等领域，其中约有一半煤炭用于发电领域，煤炭发电量占我国电力生产总量的 70% 以上。“十二五”期间煤电仍是新增电源主力，新增煤电装机容量 2.35 亿千瓦，占新增发电装机容量的 43.5%；在建和待建煤电规模仍较大，获得审批的煤电项目已超过 2.8 亿千瓦，电源结构中煤电仍占主导。

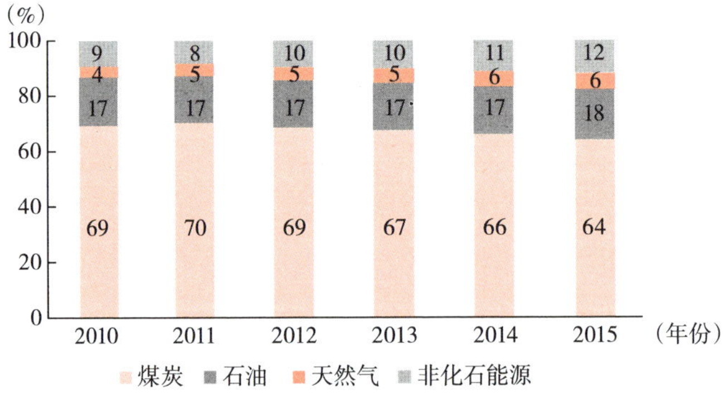

图 1－1　2010—2015 年中国一次能源消费结构

数据来源：国家统计局能源统计司．中国能源统计年鉴 2015［M］．北京：中国统计出版社，2016.

此外，大量散烧煤未经洁净处理就直接用于燃烧，不仅能源利用效率低，还排放大量大气污染物。我国每年散烧煤消费 7 亿 ~8 亿吨，主要用于采暖小锅炉、工业小锅炉（窑炉）、农村生产生活等领域，约占煤炭消费总量的 20%，远高于欧盟、美国（不到 5%）的水平。近年来石油消费量增长仍较快，2010—2015 年石油在我国一次能源消费中占比从 17% 上升到 18%，且预计 2030 年前将持续增加。

3. 绿色低碳能源供给能力仍然较弱

虽然近十年来绿色低碳能源发展速度较快，但其绝对供给能力仍然较弱，短期内尚不具备成为我国主力能源的生产能力。与高碳能源长久以来的粗放型发展方式相比，我国绿色低碳能源起步较晚。国内天然气资源虽然发现较早，但是产能建设严重滞后，直到 2011 年产量才突破 1000 亿立方米，2015 年国内产量仅为 1680 亿立方米，不及美国当年产量的 1/4。

2006 年《可再生能源法》颁布实施以后，可再生能源才开始真正进入大规模商业化开发阶段。2015 年我国可再生能源发电和生物液体燃料等商品化的可再生能源利用总量为 4.4 亿吨标准煤，只占全国一次能源消费总量的 10.2%。即使实现“十三五”规划的可再生能源发展目标，预计 2020 年风电、太阳能发电量也仅占全国发电量的 8%，而实现天然气消费占一次能源消费总量 10% 的目标更是困难重重。

（三）高碳能源生产能力过剩，企业经营困难

1. 煤炭绝对过剩，煤电阶段性过剩，炼油结构性过剩

2015 年全国煤炭产能高达 57 亿吨，而消费量不足 40 亿吨，预测

未来我国煤炭需求难以大幅增长，甚至会出现绝对量下降，将不足40亿吨。“十二五”期间新增煤电装机容量2.35亿千瓦，占新增发电装机容量的43.5%，年均增速6.4%，虽低于可再生电力装机容量增速，但高于同期电力消费增速。预测“十三五”时期留给煤电的增长空间不超过1.5亿千瓦。

但是，目前在建与核准的装机容量已达到3亿千瓦，远远超过用电需求增量。2015年，炼油能力已经达到7.74亿吨，炼厂的平均开工率只有68.5%，比国际平均水平低近20个百分点，按照85%的合理开工率计算，产能过剩已接近2亿吨。炼油产品结构性过剩，突出表现为炼油产品结构与市场需求存在较大偏差，汽油、航煤紧张，而柴油严重过剩。

2. 产能过剩造成行业不景气，部分企业经营困难甚至破产

2015年，全国规模以上煤炭企业主营业务收入2.5万亿元，同比下降14.8%。2016年1—5月，受盈利水平下降、亏损扩大等影响，煤炭企业负债总额增高，资产负债率增加。截至2016年5月底，全国规模以上煤炭企业负债总额3.64万亿元，平均资产负债率达到70.2%，部分企业达到80%以上。电力需求增速不断下滑，电网优先调度可再生能源发电，导致火电设备发电小时数不断下降，2015年的火电设备发电小时数仅为4329小时，为1978年以来火电设备利用率最低的一年。

由于目前煤价较低，煤电企业经营尚有微利。但随着煤炭去产能措施的实施，煤炭价格有望提高，煤电企业经营可能出现亏损。炼油投资浪费严重，未来行业性亏损风险加剧。我国炼厂平均负荷率已下

滑至不足70%，低于钢铁行业的平均负荷率（72%～75%），部分地方炼厂甚至低于35%。无效投资、过度投资普遍，投资效率低，浪费严重。

（四）能源供应体系协调性差，内部冲突加剧

我国能源供应体系协调性严重不足，主要表现为能源供应体系产业链条不协调、能源空间布局不协调、能源发展模式与未来发展趋势不协调。上述三种体系性的脱节造成的矛盾已相当严重，导致源、网、荷、储之间冲突不断，弃水、弃风、弃光现象频现。

1. 能源供应体系产业链条不协调

能源供应体系产业链条不协调表现为源、网、荷、储之间的不协调。电网建设与电源规划脱节，地方电源建设过快，电网输送通道难以满足可再生能源电力发展需求，产生了电源重复建设、可再生能源并网比例偏低、电网设备利用效率低下等问题。

同时，天然气调峰能力、管道建设与油田开发也存在相似的不协调问题。与我国天然气发展相适应的调峰能力最低应为100亿立方米，而目前我国地下储气库有效的工作储量只有21亿立方米，仅占天然气消费量的2%，天然气调峰能力远跟不上消费量的增长。

2. 能源空间布局不协调

我国东、中、西部情况迥异，东部（含东北）发达地区生产总值占全国的62%，一次能源消耗占54%，用电量占57%，但煤炭资源只占10.5%，水电资源只占7.3%。再加上工业布局、火力发电布局不合理，长期以来能源总物流呈现“北煤南运、西油东调、北油南下、

西气东输、西电东送”的格局。如煤炭铁路运输量占全国煤炭产量的60%，运煤量占全国铁路运量的一半，甚至还有长距离汽车运煤，造成优质能源的巨大浪费。

风能、光伏资源布局不合理，也造成了我国可再生能源发电中的弃水、弃风、弃光问题频发，每年损失的电量超过400亿千瓦时。仅云南、四川两省总弃水电量就已超过200亿千瓦时；甘肃省酒泉、敦煌和青海格尔木等部分地区弃光严重，局部地区弃光比例超过30%。

3. 能源发展模式与未来发展趋势不协调

绿色低碳能源是全球的能源发展趋势，然而当前的发展模式却远远无法满足未来的需求。当前新的能源供应体系与传统的能源供应体系不协调。不同能源品种的发电企业争抢发电量份额的竞争态势日益激化，电源建设规划时序与电力需求变化脱节。

传统能源长达数十年的路径锁定与可再生能源发展的高预期之间出现冲突，加之当前经济增长放缓，电力消费总量出现下滑，来自新能源的电力与传统化石能源的电力争占市场份额的矛盾更加尖锐，行业内已出现风电企业与火电企业互相斥责的声音。同时，分布式能源、微网发展模式与传统的大电网模式之间也产生了持续不断的现实冲突。

（五）能源供给侧系统灵活性不足，需求侧智能化发展受限

1. 能源供给侧系统调节能力差、灵活性不足，难以适应波动性、随机性用能需求特点

在能源需求侧，由于用能负荷相对稳定的工业部门能耗占比下降，波动性、随机性较强的建筑和交通部门占比上升，电力和天然气消费

在不同时间段、不同季节之间负荷峰谷差有加大趋势。而在能源供给侧，电力和天然气的系统调节能力不足，不仅无法实现能源供应的优化，也难以匹配需求侧负荷波动的特点。

电力系统调节能力差表现在灵活电源少、热电联产机组出力锁定和煤电调峰激励机制缺失三个方面。首先，抽水蓄能、燃气发电等灵活调节电源比重仅5%，“三北”地区不足3%，与欧美发达国家存在较大差距。其次，大量采取“以热定电”的热电联产机组，为保证采暖季热力供应，必须强制一定比例的发电出力。最后，由于价格激励和技术等原因，煤电机组深度调峰潜力尚未被充分开发。天然气方面，受限于储备能力严重不足和管网建设落后，天然气供应的调峰能力较差，难以满足季节性用气高峰需求。北方地区采暖季天然气供应十分紧张，“气荒”问题屡次发生，2004 年、2009 年冬天都曾出现过全国大面积的天然气供应短缺，且短缺的范围和严重程度仍有不断扩大的趋势，反映出天然气供给灵活性严重不足。

2. 能源需求侧智能发展受到智能基础设施建设落后、价格激励缺失及分析管理能力不足的制约，需求智能化和需求响应发展缓慢

发达国家经验表明，通过精细管理和价格激励等手段，随机性的能源需求可以变得可控，在很多情况下，通过优化需求来实现能源供需平衡比传统优化供应的方式更具有经济性。当前，互联网和新一代信息控制技术为需求侧智能发展创造了广阔空间，电动汽车、蓄热式电锅炉等可调峰设备的逐渐普及，以及常规用能设备的智能化，使得终端用能设备有能力主动根据能源系统平衡情况及价格信号来调整其用能行为，从而实现智能、有序用能。

然而，能源需求侧智能发展并不受限于需求侧本身的“硬件”条件，而是受限于需求侧与供给侧的连接、互动和价格信号传导。受限于供给侧智能电网、智能电表等基础设施建设相对不足，以及欠灵活的能源价格体制机制，需求侧智能发展并没有衍生出实际的经济价值——未能通过需求侧管理/需求响应等方式实现削峰填谷并最终节省成本。可见，智能型基础设施建设存在短板，灵活的能源价格机制欠缺，供需两侧互动不足，导致需求侧智能发展进程受阻、经济效益开发程度不高。

（六）人均电力消费水平低，电力消费在部门和地区间不平衡

1. 电气化进程加速推进，全社会电气化率已接近发达国家平均水平

电力是现代能源体系的核心，我国电气化进程从“十一五”时期开始加速推进，终端电力需求增速整体高于终端能源需求总量增速。如图 1－2 所示，2006—2014 年，终端电力消费量年均增速为 9.7%，而终端能耗年均增速仅为 5.6%，二者几乎相差一倍。电力在终端用能中的比重不断提高，电气化率从 2006 年的 15.7% 稳步提升至 2014 年的 20.9%①（如果扣除非能源使用部分，电气化率会进一步提升至 22.4%），与发达国家平均 24% 的水平的差距在不断缩小②。

① 根据《中国能源统计年鉴 2015》计算得出。

② 国家发展改革委能源研究所．重塑能源：面向 2050 年能源消费和生产革命路线图［Z］．2016.

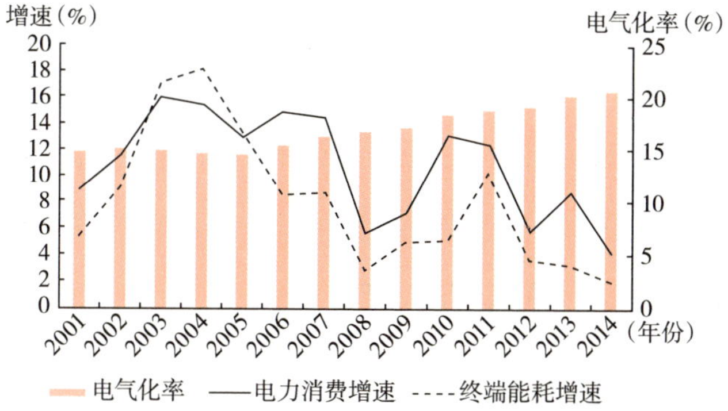

图 1-2　电气化率、电力消费及终端能耗增速情况

数据来源：国家统计局历年《中国能源统计年鉴》

2. 人均电力消费量与发达国家存在较大差距

人均用电量是一国现代化水平的主要标志。我国电气化率虽然与发达国家相差不多，但人均用电量与发达国家差距明显。发达国家按人均用电量基本可分为高电耗国家（以美国、加拿大为代表，人均年用电量在 12000 千瓦时以上）和节电国家（以日本、英国为代表，人均年用电量在 7000 千瓦时左右），相比之下，我国人均年用电量还不足 4000 千瓦时，仅为发达国家平均水平的一半、美国的 1/3，电力消费量仍有较大增长空间。

3. 电力消费过度集中在工业领域，商用、生活用电占比过低

我国的电力终端消费结构存在偏重工业（尤其是重工业）的特点。2014 年电力消费在第一产业、第二产业、第三产业、居民生活中的比例分别为 2%、73%、12%、13%，其中第二产业中五大高耗能行业消耗了全国 45% 的电力，与国际能源署（International Energy Agency，IEA）统计的世界平均电力消费结构比较（第一产业、第二产

业、第三产业、居民生活中的电力消费占比分别为2.3%、51.8%、23.3%、22.5%)①,我国居民生活、商业与公共服务的电力消费占比明显偏低②。根据IEA统计,2012年我国居民生活人均电力消费仅为美国和日本的1/10和1/5;商业和公共服务人均电力消费差距更为明显,仅为美国和日本的1/23和2/15。

4. 地区间电力消费水平落差巨大

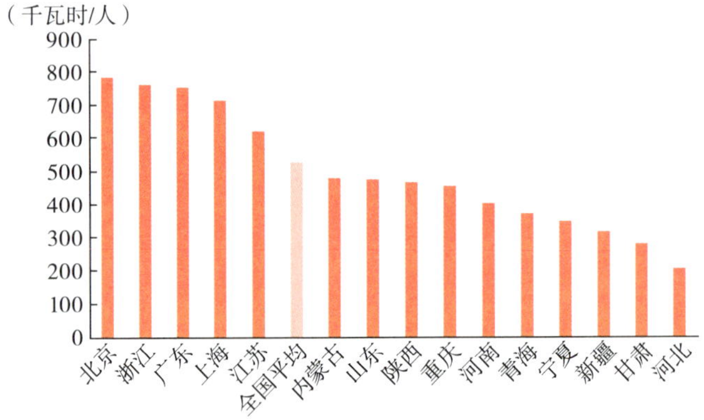

图1-3 部分地区人均年生活用电量比较

数据来源:国家统计局能源统计司.中国能源统计年鉴2015[M].北京:中国统计出版社,2016.

我国虽然已基本解决了无电人口问题,但是不同地区之间、城乡之间电力消费水平不平衡,人均生活用电量仍然存在巨大落差。如图1-3所示,以北京、浙江、广东为代表的发达地区人均年生活用电量基本都在700千瓦时以上,而中西部地区仅为200~400千瓦时,发

① 2013年数据。
② 中国能源研究会.中国能源展望2030[M].北京:经济管理出版社,2016.

达地区几乎是相对落后地区的 2～3 倍。在欠发达地区城乡之间人均生活用电量差距非常明显，如图 1－4 所示，在贵州、云南、甘肃、青海等地区，城镇人均生活用电量是农村的 2 倍甚至更高。由此可见，我国电力服务的均等化进程尚未完成。

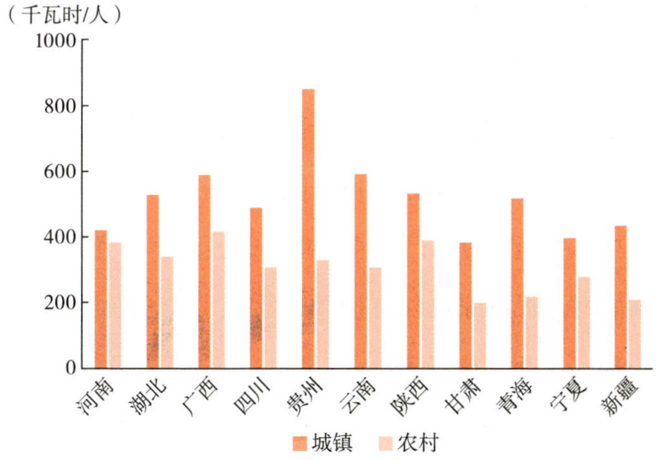

图 1－4　部分地区城乡人均年生活用电量比较

数据来源：国家统计局能源统计司. 中国能源统计年鉴 2015［M］. 北京：中国统计出版社，2016.

（七）能源基础设施不足，普遍服务水平不高

清洁、安全、可承受的能源普遍服务体系是建设小康社会、推进现代化建设的必备条件，尽管近年来我国城乡居民用能条件已有明显改善，但能源普遍服务基础仍比较薄弱，能源普遍服务能力和水平有待进一步提高，特别是要加强不发达地区（包括农村地区、边远地区、城乡接合部、“城中村”等）能源基础设施建设，缩小城乡用能差距，满足基本生活用能需求。

1. 农村能源供应服务质量和数量普遍偏低

我国经济社会发展不平衡，各地能源服务水平差距巨大，相当数量人口还没能充分享受现代能源服务，炊事用能仍采用以秸秆、薪柴燃烧为主的低效用能方式，很少使用天然气、液化石油气等清洁的商品化能源。即使在可以供应电力、燃气等商品化能源的地区，农村能源人均消费量也显著低于城镇居民，更低于发达国家水平。

2014 年我国人均生活用电 508 千瓦时，其中城镇人均生活用电 525 千瓦时、农村人均生活用电 485 千瓦时①，而同期的美国、加拿大人均生活用电均接近 4500 千瓦时，韩国的人均生活用电也在 1300 千瓦时左右。农村居民的家电保有量显著低于城镇居民，如 2014 年农村居民每百户拥有房间空调器 34 台，只相当于城镇居民房间空调器保有量的 1/3。而且，农村居民收入水平较低，现代能源服务的价格又较高，居民能源成本负担重。

2. 不发达地区能源基础设施建设不足

虽然“十二五”时期，我国实施了农村电网改造升级工程，农村电网结构大幅改善，电力供应能力明显提升，彻底解决了无电人口用电问题，但受自然环境条件、历史遗留问题等各种因素制约，城乡电力服务差距较为明显，农村地区电力保障能力与日益增长的用电需求不相适应，贫困地区以及偏远少数民族地区电网建设相对滞后，农村电网整体水平与全面建成小康社会目标仍有差距。

除了农村地区，边远地区、城乡接合部、“城中村”等地区的能

---

① 王庆一. 能源数据 2015 [Z].

源基础设施也较薄弱。我国约有 1.3 亿外来务工人员栖身于“城中村”狭小的出租房，有数以百万计的农民工蜗居在地下室，全国约有 1200 万户城镇低收入家庭居住在棚户区中，棚户区房屋破旧，厨卫设施不全，能源服务水平很低。

3. 较多建筑能源服务水平不能满足室内舒适度要求

在广大农村地区，由于经济发展和生活水平落后，建筑室内热环境普遍较差，特别是北方农村，冬季室内温度仅 5℃～10℃，难以保证基本的热舒适性要求；南方地区农村建筑也普遍存在夏季太热、冬季太冷的问题。我国有数亿人生活在长江流域，但该地区城镇居住建筑普遍缺乏采暖措施，冬季室内温度普遍较低，热舒适性差，显著影响生活品质。随着经济的发展、人民生活水平的提高，要求改善建筑能源服务水平的呼声越来越强烈，能源保障能力与日益增长的生活用能需求已不相适应。

（八）能源开发利用与生态保护之间矛盾加剧，生态环境恶化

我国高强度的化石能源开发和过快增长的化石能源消费导致生态环境不断恶化，能源开发利用与生态保护之间的矛盾加剧。

1. 能源开发对生态环境产生严重影响

一是高强度的煤炭资源开发严重破坏了矿区及周边地区生态环境。我国煤矿每年新增采空区超过 4 万公顷，累计已超过 100 万公顷。煤炭开发已造成西北地区约 245 平方公里范围的水土流失，黄河流域由此成为水土流失最严重的地区。国内煤矿共有矸石山达 1500 余座，累计煤矸石堆放存量已达 75 亿吨，占地近 2 万公顷，每年因煤矸石自燃

排放的有害气体超过20万吨，严重影响周边环境和居民健康。

二是石油天然气资源开发是我国华北地区地下水形成“漏斗”的原因之一。因过量超采地下水，我国华北地区已形成世界最大的“地下水漏斗”，石油天然气资源开发消耗大量水资源，降低地下含水层水位，从而导致水循环失衡。

三是水能资源高强度开发严重改变江河湖生态关系。比较突出的例子是长江上游大坝陆续建成后，蓄水后清水下泄，导致中下游流域江河湖生态恶化。据统计，洞庭湖和鄱阳湖面积相应锐减，枯水期时间不断延长，进而导致洲滩植被退化，对越冬候鸟、鱼类等动植物造成不利影响。

四是核能开发给周边环境带来长期不可忽视的隐患。核事故及核辐射安全问题一旦发生，对人类和环境造成的影响都是灾难性的。目前处理核乏燃料仍是世界性难题，高度放射性核废料对环境与人体都有极大的危害。铀矿资源的开发造成的废弃、废水、废渣等污染也不可忽视。

2. 能源利用导致的生态环境问题日趋严重

我国二氧化硫、氮氧化物、烟（粉）尘以及可吸入颗粒物等主要污染物排放总量长期高居世界第一位，并远远超过环境容量，环境污染已步入复合型、叠加型、区域性新阶段。长三角、珠三角、京津冀地区酸雨污染严重，并且面积呈持续扩大态势；25个省份存在不同程度雾霾污染，部分城市每年雾霾污染天数达200天；一些地区重金属、持久性有机污染物等污染加重，突发环境事件高发。全国有30%以上的城市人口生活在空气质量不达标的区域，受雾霾影响人口达6亿多，有近3亿农村人口喝不上安全的饮用水，有9000多万城镇人口集中饮用水源地不达标。

同时，我国还是全球温室气体排放第一大国，排放总量接近美国及欧盟的总和，人均排放量明显超过部分欧盟国家水平，并且还在持续增加。研究显示，煤炭的燃烧利用是我国各类污染排放的主要来源，90%的二氧化硫排放、67%的氮氧化物排放、70%的烟尘排放、40%的人为源大气汞排放以及70%的二氧化碳排放都来自燃煤①。2015年我国能源消费总量达43亿吨标准煤，其中煤炭占64%，以煤为主的能源消费是导致生态环境持续恶化的首要因素。

四、导致结构性问题的深层次原因

在“三期叠加”和经济进入新常态大背景下，我国能源供需两侧结构性问题出现的原因是多层次、多方面、多角度的。既有宏观层面原因，又有微观层面原因；既有市场性因素，又有非市场性因素；既有政府管理原因，又有企业经营原因。粗放式的发展理念是导致供需两侧结构性问题形成的根本原因，能源管理体制改革滞后、市场体系不健全和市场机制不完备是供需两侧矛盾不断激化的直接原因，此外，投融资和财税制度的约束引导作用不充分、国企管理制度不完善、技术创新制度不足等导致结构性问题不断恶化。

---

① 国家发展和改革委员会能源研究所．能源生产和消费革命专题报告汇编［Z］．2015.

（一）粗放式发展理念依然存在，中央战略决策落实不到位

大量不合理的能源需求、产能过剩等问题产生的原因与发展理念密切相关。虽然中央一再强调要全面贯彻落实科学发展观，加快转变经济发展方式，走新型工业化、城镇化道路，但是由于尚未形成一整套有效促进、有力保障科学发展的体制机制，多年来形成的思维定式依然存在，中央战略决策落实不到位。

1. 一味追求高经济增长速度的“唯GDP英雄论”

长期以来，各地区把追求经济增长速度放在首位，热衷于追求GDP高速增长的互相攀比和竞赛，主动推行粗放型经济增长方式，重速度、轻质量，不用考虑是否有市场需求，只要增加投资、扩大生产规模就能获得GDP的快速增长，导致产业结构趋同、产能过剩严重、图虚名无实效的“形象工程”层出不穷，导致能源需求过快增长和能源利用效率低下。

扭转各级政府长期以来形成的“唯GDP论英雄”的认识，绝非一朝一夕之事。例如，当前我国经济增速已逼近6.5%的底线，政府继续采取刺激政策来提振经济，加大基础设施投资建设力度，将继续拉动高耗能产业发展。又如，西北各省区为谋求经济快速发展，着力打造能源化工基地，大幅扩张煤炭、煤电、煤化工产能，这些产能一旦建成，将继续助长传统能源发展方式的延续，也将加剧西部地区生态环境恶化。

2. 能源环境约束让位于经济增长的“以需定供”惯性思维

长期以来，我国一直秉承“以需定供”的供需模式，能源战略的

核心要务就是保障经济发展所需的能源供应，这在很大程度上造就了粗放型能源发展方式。而且，能源环境约束性政策常常让位于经济增长，倒逼能源和经济发展方式转变作用不强。例如，在各地拥有更强动力做大 GDP 时，以单位 GDP 能耗下降为核心的节能制度约束力不强，而环境政策则面临法规标准不健全以及监管、处罚力度不足的境况。

3. 政府公共服务不足导致难以形成节约型能源消费方式

首先，政府提供的公共服务与人们能否形成节约型的能源消费方式密切相关。长期以来，社会公共服务存在短板，节能型的公共基础设施（如轨道交通、快速公交、慢型交通通道）建设滞后，政府对住房、汽车等耐用消费品的能源效率准入标准宽松，鼓励使用节能产品的公共政策力度不足。

其次，缺乏能源公共信息平台、信息不透明导致能源生产和消费者只能基于有限信息进行决策，一定程度上助推供需失衡，供给与需求脱节。究其原因，各级政府公共政策的决策最看重的是当地 GDP 和税收增长，提供公共服务更多被政府视为只有投入、鲜有回报的负担，政府在改善公共服务方面的意愿和投入严重不足，且缺乏有效的监督和考核。此外，政府即使有意愿改善公共服务，也面临要基于何种信息有针对性提供有效服务的问题，因为公共服务源于本地居民复杂多样的需求，具有很强的本地化、非标准化特征，需因地制宜提供。

总之，抑制不合理、低效能源需求，提高能源利用效率，必须转变片面追求经济发展速度的发展理念，克服粗放型发展方式的路径依赖，鼓励集约、高效、绿色、低碳发展。但从目前实践来看，打破旧的发展理念以及依附其形成的既有利益格局障碍重重，成为制约能源科学发展的重要因素，也成为能源供需两侧改革的重要阻力。例如，中央巡视组提出部分部门“贯彻执行中央大政方针尚未完全到位”“推进供给侧结构性改革措施不够有力”等。由于供给侧改革涉及面广、影响大、情况复杂，随着改革逐步深入推进，应着重抓政策落实问题，务求改革有力、有效。

（二）政府能源管理体制深层次矛盾凸显，改革滞后于发展要求

党的十八大以来，各级政府在行政体制改革、转变政府职能方面进行了大量工作，持续推进行政审批制度改革，大幅取消和下放审批事项，转变监管思路，采取负面清单管理模式等，通过简政放权、创新管理，有效激发市场创造活力和发展内生动力，取得了明显效果。但同时，由于长期以来政府能源管理侧重于计划经济色彩的、权力大但责任小的经济性管制，加之法律不健全，政府管理行为透明度低、随意性大，形成巨大的经济利益链条。深化能源体制机制改革，必然会影响政府职能部门之间的权力配置和利益格局，其推动自身改革的动力不强，“担当不够，主动转变职能意愿不强”等问题已经出现，亟须进一步加大改革力度。

1. 政府微观管制多而宏观调控不足，计划经济色彩管制多而社会性管理缺位

一方面，长期以来，我国能源管理一直带有计划经济色彩，对微观领域的干预较多，能源管理侧重于投资审批、价格制定和生产能力控制

等。能源项目投资一直由中央能源投资主管部门甚至是国务院审批，当前政府在着力推动简政放权，将一些能源项目的投资审批权下放，但只是从中央政府下放到省级政府，能源项目投资审批权仍在政府手中。另一方面，政府宏观调控职能严重不足，战略规划让步于项目审批，当全国能源供需平衡、区域间产需协调、上下游供需衔接等方面出现问题时，往往采取暂停或加快项目审批、强制企业退出等手段，反而可能加剧供需矛盾。政府对这些本应由市场决定的内容过度干预，会扭曲价格信号，使市场在资源配置上的基础功能难以充分发挥，甚至可能出现由于部门利益而阻碍市场化改革的现象。

此外，政府社会性管理缺位。政府在解决市场失灵的领域，包括能源安全、能源节约、环境保护、能源公平服务、弱势群体保护等方面功能有限，客观造成了“重生产轻消费”“重供应轻节约”等现象发生。例如，当节能进入“深水区”时，政府提供的政策和市场提供的服务却没有跟上。政府出台的节能政策没有充分调动企业节能积极性，对于企业节能过程中遇到的融资难、信息获取渠道少等问题的帮助也比较有限；市场上虽然兴起了合同能源管理、需求侧管理等节能新模式、新业态，但节能服务机构能力良莠不齐和时有发生的市场乱象，使得企业不能也不敢从市场上寻求支持。

2. 能源管理的中央与地方职责、国企职责仍不明晰

能源管理中的中央政府与地方政府的责权利分配还需进一步厘清。“一放就乱，一管就死”的现象屡屡发生，亟待建立一个兼顾长远目标与当前目标、国家整体利益与地方局部利益的制度安排，既要充分发挥中央统筹协调作用，又要充分调动地方政府积极性。

个别企业仍肩负着行业管理职能。在保障国家油气和电力供应安全、制定国家油品标准、规范行业秩序等方面，部分大型国有企业仍代为行使着部分政府职能。依靠企业管理，企业很难做到保障社会稳定与提高经济效益兼顾；过于依赖企业管理，会使政府在行政管理中的独立性、权威性受到影响，甚至有社会舆论指责政府默许企业把自身利益凌驾于公共利益之上，不利于社会稳定。

3. “重审批、轻监督”问题突出，现代能源监管体系缺失

目前，政府能源管理主要依靠前置性审批和事后责任追究等手段，对事中监管重视不够，导致全社会过于重视项目审批，而对企业进入后如何做到节能环保、安全生产，更好地承担社会责任监督得不够，“重审批、轻监督”的问题比较突出，出了问题后对企业的惩处力度明显不足，与国外相比存在很大差距。

我国能源监管主要集中于电力领域，针对石油、天然气、煤炭等领域的监管体系尚未建立。对市场运行、市场交易、普遍服务、公平接入、投资者及消费者保护等监管不足，对具有自然垄断特征的电网、天然气管网、热力管线等监管不足，对各地区和重点用能企业节能工作的监察不足。这导致政府难以对能源项目建设、运行进行全过程监管，无法有力促进能源市场有序发展，一定程度上制约了能源服务质量的提升。

4. 能源法制化进程缓慢，标准规范严重缺失，管理透明度低、制度化不足

我国能源法律法规尚不健全，能源领域基本法“能源法”迄今为止仍未出台，石油天然气、能源储备、能源预警应急、能源公用事业等基

本法律制度以及针对市场公平竞争的法规缺乏，《煤炭法》《电力法》《可再生能源法》《节约能源法》等单行法律也不完全适应市场发展。能源法律法规、标准规范的缺失，造成政府管理行为透明度低、随意性大，能源规划、政策出台和重大项目审批等制度化约束不足，无法可依、执法不严现象较普遍，不能有效保护或约束能源从业者或消费者行为。

例如，对可再生能源全额保障性收购没有制定具体办法，行业管理层面缺乏可再生能源替代化石能源的产业政策和考核机制。在煤炭、煤电和炼油产业准入方面管理不力，产能过剩时刻意拔高标准，而产能不足时又放松监管标准。环保、安全标准监管体系不健全和执行不严，存在地方政府为了自身利益而放松管制的现象，致使企业应支付的环保、安全成本未能完全内部化。这变相地降低了企业的投资和经营成本，间接地推动了部分领域的投资过度增长。

5. 政府能源战略、规划等工作力度不足，能源战略研究不足，对形势预判不准

在国家能源战略研究方面，政府主管部门没有发挥应有的主导作用，研究工作多以课题研究的形式由各个研究机构分别开展，相互之间缺乏统筹协调，没有建立成果共享机制，存在大量重复研究。研究成果多以报告和著作的形式发表而结束，政府主管部门对这些成果的吸收和应用不够。由于战略研究不足，对形势的预判出现失误。例如，对天然气在未来能源结构中的定位认识不清、不统一，造成天然气发展战略取向不明确，配套产业政策不完善，缺乏促进其快速发展的激励机制。

能源规划不协调问题突出，难以落实。能源规划编制不公开、不透

明，缺乏科学性、权威性；规划执行力度和效力不够，缺乏有效的引导约束力，项目审批与规划落实脱节，实际执行与规划偏差过大，缺乏指导性、可操作性；编制方式多为模块化的拼凑，各类规划协调机制不完善，专项规划之间以及国家规划和地方规划之间缺少衔接、统筹协调。以电力为例，电力发展规划长期缺失，没有发布“十一五”和“十二五”电力规划，具体实践中用项目审批代替规划，这对电力科学发展造成很大影响。能源“十二五”规划提出清洁发展煤电，新增煤电 3 亿千瓦，而实际只净增了 2.2 亿千瓦，低于预期目标 8000 万千瓦，但却仍出现煤电过剩局面。

6. 政府能源公共信息透明程度不足

目前，政府掌握大量能源资料，但公开的很少，而囿于人力物力，也没有对其进行充分利用。大量的能源市场信息被少数企业掌握，也没有公开，缺乏能源公共信息平台。信息不透明导致能源生产和消费者只能基于有限信息进行决策，一定程度上助推供需失衡，导致供给与需求脱节。

例如，煤炭、煤电和炼油行业的产能和产能利用率等方面的信息统计和发布不系统、不及时。数据出自多个政府部门或者行业协会，有的数据没有统计，有的差别较大，难以甄别数据的准确性。由于企业等市场主体缺乏及时准确的信息参考或警示，加大了信息不对称导致企业投资预期偏差和失误的可能，增加了部分行业产能过剩风险。

（三）现代能源市场体系建设滞后，要素远未健全

我国已成为世界上最大的能源生产国和消费国，能源体系十分庞

大，过去的计划经济手段已远不能适应新的需要，但有效的现代能源市场体系建设严重滞后，迄今很多关键要素远未健全，成为能源供需不协调的根源所在。

1. 垄断性供应格局使能源企业缺乏提升服务水平的市场压力和动力

我国能源行业，尤其是油气行业和电力行业，在自然垄断和行政性垄断双重作用下形成了以国有企业为主的垄断性供应格局。改革开放以来，持续高速发展的中国经济急需大量能源用于生产和消费。在相当长的一段时间里，能源行业的第一要务是及时、有效地供应能源，保障经济顺畅运行。虽然在部分领域进行了打破垄断、引入多元主体的市场化改革，但整体来看，能源行业垄断程度依然较强，国有企业牢牢占据绝对主导地位，市场竞争机制远未建立。由于市场竞争机制的缺乏，使能源企业缺乏提升服务水平的市场压力和动力，行业整体效率偏低。

尤其需要重视的是，除了传统能源领域，绿色低碳能源行业同样面临市场集中度高、市场化程度不高等问题，市场垄断造成缺乏竞争、效率较低、成本偏高等突出问题。天然气在上游勘探开发、中游管道输送和下游配气销售环节都存在较高程度的垄断，市场竞争受限，运行效率不高，成本居高不下。处于电力生产消费体系中间环节的电网企业在统销统购的运行模式下，为追求利润最大化，对可再生能源电力的优先接纳缺乏动力，存在一定的抵触情绪，造成可再生能源富集地区不同程度存在电网“卡脖子”和跨省跨区通道能力不足问题。一方面，网源建设不同步，配套电网建设明显滞后于可再生能源建设。风电、光伏发电项目核准开工到投产只需半年至一年时间，而 330 千伏及以上等级电网项目核准开工到投产至少需要一到两年时间。另一方面，跨省跨区输电通道的规划建设与可再生能源发展不协调。已建和在建的跨省跨区输电通道未充分考虑可再生能源外送需求，仍以输送火电为主。电力输送通道在建设进度、输送容量、输送对象上都难以满足可再生电力发展需求。

2. 能源市场中介组织发展缓慢

能源行业协会“去行政化”不彻底，服务功能尚不健全。我国能源行业协会是从过去的煤炭部、电力部等转化而来的，行政色彩较浓，行业协会市场化程度较低，在反映能源企业诉求和为政府决策提供有价值参考意见等方面仍需进一步加强。随着能源系统日趋复杂，能源审计、节能监测、节能技术推广、合同能源管理、可再生能源科技服务等方面的需求不断扩大，然而相关的能源中介组织发展滞后，缺口较大。

（四）激励能源绿色低碳转型的市场化机制不完备

目前尚未形成激励能源供应向绿色低碳转型的价格和财税体系。清洁能源与高碳能源比价关系严重不合理，特别是煤炭与天然气和可再生能源的比价关系被严重扭曲，阻碍了其规模性替代煤炭的进程。

1. 高碳能源价格没有充分反映社会环境损害等外部性成本

高碳能源开发产生的对大气、水、土地等生态环境的永久性破坏，以及为维持这些能源持续性利用所付出的个体健康和安全成本，都没有在价格体系中得到明确体现。因此，与高碳能源的开采、加工和运输环节相关的地域和人群，付出了更大的环境、健康和未来社会可持续发展能力的代价，而终端能源消费者却没有支付相应的成本。其结果是，能源产品价格维持在较低水平，形成了对具有“负环境外部性”能源产品的隐性补贴，间接起到了鼓励过度消费的作用，也降低了市场对那些有正外部性成本的、环境友好型能源产品的接纳能力，间接起到了抑制消费的作用，价格体系失去了对“外部性损害”的调节能力。长期下去，必将透支我国环境的总体容纳能力，也必将降低社会自身的可持续发展能力。

我国煤炭开发利用外部性成本巨大，但未在煤炭价格中得到有效体现。许多学者对我国煤炭开发利用的外部性成本进行了估算，2007 年为 150 元/吨，2010 年为 205.08 元/吨，2012 年为 260.3 元/吨，逐年增大（见表 1－2）。如果考虑二氧化碳排放导致的气候变化成本，该成本还将进一步增大。目前，我国的煤炭定价机制虽然部分考虑了这些外部性成本，但环境税费仅为 30～50 元/吨煤，且大部分集中在生产端，煤炭消费侧的排污费仅为 5 元/吨煤左右，环境税费的力度远不足以将外部成本内部化。这很大程度上刺激了煤炭需求的不合理增长，2000 年至 2015 年一次能源消费总量年均增速为 7.4%，同期煤炭消费年均增速为 6.9%，基本上同步增长。

表 1－2　中国煤炭开发利用外部性成本估算

研究人员及其研究成果	估算结果
茅于轼、盛洪、杨富强，《煤炭的真实成本》（2008）	2007 年，我国每使用 1 吨煤，就会造成 150 元左右的环境损失。如果包括煤炭燃烧排放的二氧化碳等温室气体所导致的气候变化上的巨大成本，按照当前 CDM 成交价格 12 欧元/吨计算，则每利用 1 吨煤的环境成本达到 356.44 元
环境保护部环境规划院葛察忠等，《煤炭环境外部成本核算及内部化方案研究》（2014）	2010 年，在生产环节环境污染中，尘肺病患者社会生产力损失、林木经济损失、水土流失、土地塌陷等成本达 68 元/吨；在运输环节，铁路运输环境污染、损耗及煤尘散发污染等成本为 52.04 元/吨；在使用环节，燃煤造成的大气污染导致的人体健康损失、农田减产等成本为 85.04 元/吨。煤炭外部性成本合计达 205.08 元/吨

续表

研究人员及其研究成果	估算结果
清华大学腾飞，《煤炭总量控制的协同效益研究》（2015）	2012 年，煤炭生产环节的资源损耗、生态破坏及人体健康损失等成本达 66.3 元/吨；运输环节中的事故、噪声、环境影响等成本达 27.8 元/吨；燃煤造成的大气污染导致的人体健康损失达 166.2 元/吨。煤炭环境外部性成本合计达 260.3 元/吨

资料来源：①茅于轼，盛洪，杨富强．煤炭的真实成本［M］．北京：煤炭工业出版社，2008；②环保部环境规划研究院．煤炭环境外部成本核算及内部化方案研究［R］．2014；③清华大学．煤炭总量控制的协同效益研究［R］．2014.

2. 天然气价格改革步伐虽然较快，但是价格形成机制仍不完善，价格水平偏高，不利于扩大市场需求和实现规模替代煤炭

一是天然气门站价格实行与燃料油、LPG 价格挂钩，而不是与天然气的替代对象煤炭价格挂钩，拉大了天然气与煤炭的价格差距，定价的合理性值得商榷。

二是天然气省网和配气管网不合理加价造成了终端气价偏高，管网等自然垄断环节的经营活动尤其是成本没有受到严格监管，省网和城市燃气企业存在较大利润空间，损害了终端用户的利益。

三是居民用气与非居民用气价格交叉补贴严重，居民用气享受较低价格，而其部分供应成本由其他用户承担，随着城市气化率不断提高，居民用气成本向其他行业转移的规模扩大，这严重影响了发电、工业、交通等领域天然气需求，不利于天然气在主要领域的普及性使用。

3. 在煤电经济性十分显著的背景下，单方面鼓励可再生能源发展的政策机制面临严重挑战，不利于引导可再生电力大规模替代煤电

2006 年《可再生能源法》出台，我国确定了可再生能源发电固定电价上网机制，同时征收可再生能源电价附加来补贴其上网。随着可

再生电力发展规模不断扩大，可再生电力附加标准和征收总额显著提高，已从 2006 年的 0.2 分/千瓦时增加到 2016 年的 1.9 分/千瓦时。近年来煤炭价格则大幅下跌，燃煤发电上网电价不断走低。在不考虑煤炭外部性成本的情况下，可再生能源发电与燃煤发电的比价关系不降反升，燃煤发电经济性优势进一步凸显，而可再生能源的大力发展显著提高了全社会用电成本，这产生了逆向激励作用，反过来刺激了煤电发展，从而不利于可再生电力大规模替代煤电。

从国外来看，能源比价关系在天然气、可再生能源对煤炭的替代中起到了决定性作用。例如，过去十几年美国天然气发电在没有补贴的情况下大幅增长、市场份额快速提高，主要得益于天然气与煤炭的比价持续走低，此外煤电厂排放标准的提高也起到了重要作用。又如，几年前由于煤炭价格大幅走低而天然气价格居高不下，欧洲曾出现煤电对天然气发电的逆替代。这说明能源价格和财税体系是激励能源供应向清洁化转型的关键，亟须通过完善机制设计发挥市场在促进转型中的积极作用。

4. 有效协调供需的电力电量价格机制缺乏，不利于可再生能源发展

我国现行的电力调度机制及市场模式缺乏有效的激励性竞争市场机制，很大程度上使得我国电力系统难以有效协调发电与用电侧之间的不平衡，更难以促进不确定供应与波动性需求的协调。我国现有的调度计划安排方式对现有的灵活性资源难以形成有效的激励，各类灵活性资源缺乏积极性参与系统平衡调节，上网电价机制缺乏合理的价格信号，未能及时反映灵活性资源的价值。在这种情况下，当可再生

能源的发电容量在电网中所占比重较大时，由于其出力的不确定性，可能造成系统在短时内出现较大幅度的不平衡。

《关于进一步深化电力体制改革的若干意见》提出新增配售电市场、放开输配以外的经营性电价、公益性调节性以外的发电计划放开，改革旨在还原电力商品属性，营造市场定价机制，以价格信号引导资源开发和合理利用，符合系统灵活性资源的定价需求。

然而，现实中发展更快的大用户直接交易、跨省区交易往往通过计划调度执行，实际发用电曲线与交易关联性弱，特别当交易规模不断扩大，且计划电量不断缩小后，交易电量会出现明显偏差，导致完全放开发用电计划无法实现，灵活性资源价格信号的缺失也无法有效发掘灵活性资源潜力。

长期而言，我国的电力市场机制难以引导电力系统规划投资建设充足的灵活性资源，保障系统灵活性资源的充裕。随着电源结构的转变、可再生能源发电比例的增加、核电装机容量的上升，传统的具有较强调节性能的发电机组（如火电、调节性水电等）在电源结构中的占比会逐步下降，这会使得发电侧的灵活性资源相对减少，导致发电、用电双侧不协调的矛盾日益加剧。

（五）现行投融资和财税体系强调短期收益，绿色调控能力弱

1. 现行投融资、财税体制助推传统能源产能过剩

在现有政府引导甚至主导投资、融资方向和“分灶吃饭”的财税体制下，地方政府面临较大的增收压力，为完成政绩考核，千方百计进行招商引资。由于传统能源领域的投资额度大，能够较快地拉动经

济总量，因此受到地方政府的青睐，对于吸引能源投资发展经济具有较大的冲动。

此外，地方政府出于增加税收的目的，还往往运用非市场化手段刻意降低产业进入门槛，人为地阻止企业破产淘汰，阻碍落后产能的退出。这是导致我国传统能源领域产能过剩的重要体制性因素。以煤炭和炼油为例，在煤炭资源富集区，其地方政府为了发展当地经济和增加税收，大力建设煤矿及相关产业，导致煤炭行业投资过热、产能过剩；炼油项目由于投资大、产值高、税收多，而对地方政府吸引力巨大。我国成品油消费税在炼厂环节征收，作为国税纳入中央收入，部分地方炼厂为了其企业利润存在漏缴消费税的行为，地方政府为了自身利益也存在监管缺位现象。税收环节存在的不正当不公平也是造成地方炼厂扩张、炼油产能过剩的原因之一。

2. 促进绿色低碳产业发展的投资、财税政策力度不足

可再生领域投融资渠道单一，政策性支持力度不足，新型社会资本参与模式如 BOT（建设—经营—转让）等未能推广，造成项目融资成本高，影响可再生能源发展。例如，太阳能光伏发电领域未能推广 BOT 模式，对社会资本参与光伏电站建设造成一定障碍，使得建设项目融资成本偏高，推高了我国光伏发电成本。在我国财税政策中，组织收入功能过强，绿色调控能力太弱。增值税、所得税等收入税占比高，而带有节能环保调控功能的税费占比低，尚未征收能源税和碳税、二氧化硫税等环境税。促进能源转型发展的财政投入少而零散，效果差。预算或国债资金主要投放到生产侧示范项目或技改项目，节能过多依赖财政政策，节能税收优惠政策仍薄弱。

（六）能源国企市场化运营程度低，监管不足

能源国企经营管理制度不完善，市场竞争约束力不足，国家监管不够，导致能源国企“跑马圈地”，陷入投资冲动和效益低下的怪圈。

1. 国有能源企业投资的市场竞争约束机制不够

国有能源企业未能按照现代市场化企业运营，经营中“重规模、轻效益”现象较为明显，很多企业到处“跑马圈地”，负债率常年保持在高位，但经营效率未见改善。

特别在煤炭、电力、石油等能源领域，有一批大型央企和地方国有企业，尽管国家和地方的国有资产管理委员会对这些企业设立了相应的经营考核管理制度，但仍然存在很多不完善的地方，科学合理的激励约束机制尚未形成，导致部分国有企业在投资决策中往往更多地追求规模和市场份额，而忽视了市场竞争和经济效益。

部分国有企业肩负着区域社会和经济发展稳定的重任，退出壁垒较高或退出机制不健全，因而在其进入或退出某一行业时往往存在市场信号失灵的现象，一定程度影响了市场竞争机制对产能过剩调节作用的正常发挥。

2. 政府失去利用价格手段促进垄断企业提升服务水平的抓手，能源供给企业成本约束与监督考核不足

由于垄断企业的存在，总体而言政府要对行业价格进行管制，以谋求公共利益和国有企业政策性保护的平衡，进而促使垄断企业不断提高效率，改进服务质量。长期以来，我国对能源垄断行业也是采取政府管制价格的方式，通过政府制定价格，防止垄断企业制定垄断

价格。

但是近年来，在市场竞争机制尚未完全建立的情况下，价格市场化改革单兵突进，政府失去了促进垄断国有企业提质增效的有力抓手。我国价格市场化改革不断提速，能源产品市场化定价机制不断推出，原油、成品油、天然气和电价完全或者部分实现市场化定价，价格也较大幅度上升。但能源价格市场化的前提是要有充分竞争的能源市场，只有充分竞争环境下形成的价格才是市场化的价格，才能充分反映不断变化的市场供求关系和能源的稀缺程度。

同时，能源行业垄断格局仍然存在，市场化定价导致企业滥用垄断权力，一方面通过控制产品供给来抬高价格、获取高额利润，另一方面亏损时还可以获得政府巨额补贴，政府管制价格对企业提升效率的激励作用消失，导致政府失去了调控企业的重要抓手。与此同时，政府在能源企业激励性管制机制、成本约束机制等方面没有建立起有效的管制手段和措施，越发难以要求企业提高服务质量和效率。

（七）技术创新制度不完善，绿色低碳产业竞争力弱

我国能源领域创新环境较差、制度不健全，造成技术创新不足，总体上和国外发达国家相比仍然明显落后。一是能源科技自主创新基础研究薄弱，尤其在绿色低碳能源领域，创新性、基础性研究工作开展较少、起步较晚，缺乏世界领先的科技创新成果和技术，主体能源技术落后，自主创新高新技术系统化、工程化、产业化水平低，进入主流产业障碍重重。如光伏发电技术、纤维素制乙醇、大型燃气轮机等关键技术，缺乏大规模发展所需的技术基础。二是缺乏领军性的创新平台开展共性技术的研发和产业化，难以支持科技基础研究和提供

公共技术服务，技术人才也较为缺乏。三是缺乏清晰系统的技术发展路线和长期的发展思路，没有制定连续、滚动的研发投入计划。四是用于研发的资金支持不足，2012 年我国研发投入占 GDP 的比重为 2%，远低于创新型国家 3% 左右的科研投入水平。

此外，世界各国均充分认识到能源科技创新的重要性，普遍认为拥有和掌握先进能源技术就占据了未来能源发展乃至经济发展的制高点。因此，围绕先进能源技术的竞争将更加激烈，也预示着技术封锁和遏制可能进一步加剧，知识产权壁垒将日益严重，也将一定程度制约我国能源科技创新能力提升。

五、解决结构性问题的改革思路

能源供需两侧结构性改革就是要用改革的办法来解决能源供给侧和需求侧存在的结构性问题，促进能源供需协调，使能源供给更好地满足能源需求，推动能源结构转型升级。

（一）基本思路

在能源消费增长减速换挡、结构优化步伐加快、发展动力开始转换的新常态下，能源工作思维要调整、重心要转变。能源供需两侧结构性改革的基本思路是：深入贯彻习近平总书记系列讲话精神，牢牢树立“创新、绿色、协调、合作、共享”的发展理念，按照党和国家推进供给侧结构性改革工作的总体部署，聚焦能源供需两侧结构性问题，以“去产能、去杠杆、降成本、补短板”和“两转变、两推进、一削减、一增加”为工作重点，以“稳、准、活、实、托底”为政策实施的基本要求，着力破解传统能源产能过剩、可再生能源发展瓶颈制约、能源系统整体运行效率不高、能源供需不协调等突出问题，大力推进能源发展方式从粗放式发展向集约高效式发展转变，能源管理方式从行政审批为主向推进改革和技术创新转变，促进能源企业提质增效。创新能源体制机制，充分发挥价格机制调节作用，注重发挥财税政策的引导作用，强化政府与公众监管的约束作用，努力提升能源领域公共服务水平，构建清洁低碳、安全高效的现代能源体系。

（二）基本原则

1. 坚持创新驱动的原则

促进能源绿色低碳转型是能源供需两侧结构性改革的核心目标。要把能源科技创新作为能源转型发展的第一动力，大力加强能源互联网技术、光伏终端应用技术、太阳能薄膜电池、氢燃料电池汽车、电动汽车的动态无线充电技术、动力电池的系统管理技术、三代核电技术等能源开发利用先进技术。同时，要加强体制机制创新，注重政府管理和商业模式创新，增强能源发展活力，促进能源供需两侧协调发展。

2. 坚持绿色低碳发展的原则

绿色低碳是未来我国能源转型发展的主旋律。能源供需两侧结构性改革要立足我国以煤为主能源结构的实际，提高低碳无碳能源有效供给水平，坚持发展非化石能源与化石能源清洁利用并举，按照“一降三升”能源供需两侧结构调整战略路径，即努力降低煤炭消费量和消费比重，提升天然气、核能和可再生能源利用规模。以煤炭清洁高效发电为主要抓手，提高煤炭清洁利用水平。

3. 坚持市场决定的原则

必须牢牢把握能源供需两侧结构性改革的根本要求，从体制机制等深层次矛盾出发，建立与现代能源体系相匹配的现代能源市场体系，理顺政府和市场关系，发挥市场机制的决定性作用，完善政府各项职能，推动能源供应方式与能源需求变化趋势相协调。重点是理顺高碳能源与清洁能源比价关系，按照资源性产品价格改革的基本要求，逐步将高碳能源外部性成本内部化。同时，强化政府宏观调控职能，进一步扩大能源领域的竞争格局，建立健全现代能源监管体系，完善能源信息公开制度。

4. 坚持节约优先的原则

提高能源开发利用效率是推进能源供需两侧结构性改革的重要目标，要使节约能源贯穿经济社会发展的全过程，推行“能源领跑者制度”，形成全社会节能型生产方式和消费模式，集约高效开发能源，科学合理使用能源，加快调整和优化经济结构，推进重点领域和关键环节节能，以系统节能、能量梯级利用为重要抓手，加强能源系统协调与集成优化，推动各类能源协调发展，大幅度提高能源系统效率，以较少的能源消费支撑经济社会较快发展。

5. 坚持公平共享的原则

提高能源普遍服务水平是建成全面小康社会的本质要求。加强能源基础设施和公共服务能力建设，科学编制城镇能源规划，推动信息化、低碳化与城镇化的深度融合，建设绿色低碳智能城镇。按照城乡发展一体化和新型城镇化的总体要求，坚持集中与分散供能相结合，扩大“光伏扶贫”范围、因地制宜发展农村可再生能源，推动非商品能源的清洁高效利用，推进绿色能源县、乡、村建设，推进城乡用能方式转变。

六、能源供需两侧结构性改革的重点举措

能源供需两侧结构性矛盾突出，改革应短期与长期兼顾，市场调节与政府管理并举。能源供给侧重点抓化解煤炭、炼油过剩产能；分类优化利用煤电机组；积极稳妥抑制能源企业债务风险；从快降低企业用电、用气成本，全环节降低能源企业生产成本；弥补能源硬件和软件短板，提高灵活供应和能源服务水平。能源需求侧重点是“两转两推一减一增”，转变工业化发展模式和城镇化发展模式，推进系统节能和整合设计，削减煤炭终端消费，增加终端电气化率，从而抑制不合理能源需求，提高能源利用效率，优化终端用能结构，实现“控、提、优”。

（一）短期与长期兼顾、市场调节与政府举措并举，推进煤炭、炼油去产能

1. 短期优化煤炭去产能“276 个工作日”政策，“十三五”推进市场化调控

（1）严格落实煤炭去产能政策，短期内坚持并优化“276 个工作日”政策

严格落实《国务院关于煤炭行业化解过剩产能实现脱困发展的意

见》（国发〔2016〕7号）与8个专项配套政策，进一步优化落地难的政策规定。严格治理违法违规建设，未经核准的8亿吨违规产能一律停产、关闭，对达不到国家规定要求的煤矿一律停产并限期整改，整改后达不到要求的限期退出；严格控制新增产能，已停产3亿吨煤矿产能不能再行生产，对于确需新建的煤矿，一律实行减量置换。

针对已出台政策中突出存在的“一刀切”、扶持力度较弱等问题，进一步明确制定过剩产能具体标准，分类管理、有保有压；进一步细化专项奖补资金的管理与使用，出台相应的细则，并确保资金的及时到位，使“去产能”能够有序、有效推进。

短期内坚持并优化“276个工作日”政策，严格控制超能力生产。对于276个工作日确定产能、法定节假日和周日不安排生产的规定，建议仍然对全年作业时间实行一定限制以实现产能减量化，但允许地方根据实际情况进行适度调整；允许企业根据生产经营实际情况，在不突破作业工作日约束的前提下，自由安排生产计划，不强制要求节假日和周日不安排生产。

近两年，通过严格落实煤炭去产能政策实现关闭违规及停产煤矿产能11亿吨，通过优化“276个工作日”制度实现减量重组产能5亿吨，全国煤炭产能控制在39亿~41亿吨，促进市场基本达到供需平衡。

（2）“十三五”着力推进产业政策与市场机制结合调控产能的方式

“十三五”期间，要逐步退出类似“276个工作日”等行政性指令政策，更多采用产业政策与市场机制相结合的调控方式。“276个工作日”等政策短期效果直接而迅速，但是行政直接干预往往容易带来扭曲与无效率，干扰经济产业运行的自然秩序，为长期经济发展埋下隐患。应视市场供需平衡、煤矿工人保障情况、行业转型发展程度等，逐步退出“276 个工作日”等相关行政政策，如可让先进产能优先增至 300 个或 330 个工作日，优先释放先进产能煤矿，给市场机制发挥作用留出空间。

应将行政性指令政策转为更市场化的调控方式，包括：提高行业标准，根据煤矿资源特点、安全生产情况、装备先进程度、矿井规模、区位条件等，严格制定先进产能标准，坚决关停不达标企业，配套建立健全设备注册制度、产能及利用率调查制度，完善产能监测体系；将淘汰落后产能与增加新产能捆绑，实行产能置换方案；打破刚性兑付，破除“大而不倒”预期，完善破产清算制度，健全市场退出机制；政府提供直接或间接补偿，鼓励企业去产能行为，鼓励企业兼并重组，包括给予融资支持（对主动退出的企业提供中转融资）、税收优惠（主动处理过剩设备的企业采取特别折旧制度）、专项基金（建立煤炭产业转型信用基金）等。

2. 以“限制淘汰、整合升级、走出去竞争”方式从快推进炼油去产能

（1）抓住油品质量升级契机，限制新增、淘汰落后，整合做大、升级做强

一是改革成品油税制限制非法炼油产能增长，制订炼油落后产能标准强制淘汰。加快推进成品油税制改革，压缩非法炼厂利润空间，限制产能无序迅猛增长。成品油消费税征收环节后移至终端消费环节，由中央税改为中央与地方共享税，先行试点改革汽油消费税制并积累

经验；加强税收征管制度与能力建设，加强税收监管与税收评价，以“互联网＋”等技术手段有效治理税收流失。以推进油品质量升级为契机，强化环保、安全、质量要求，制定炼油行业落后产能淘汰标准。加强监督检查，对超标企业严禁启动生产，依法淘汰产品质量低劣、能耗高、资源利用不合理、安全隐患较大以及环保不能达标的炼油装置。完善成品油及可调油化工品质量标准体系和质量管控体系，建立产品可追溯管理制度，严格按照国家油品质量标准，不定期对炼油企业进行检查，杜绝非标油品流入市场，对已流入市场的非标油品进行追溯和罚款，严重者实行淘汰。

二是鼓励并扶持大型炼化基地建设，引导产业链向高端升级。严格控制新布点炼油项目建设，新增加的炼油能力尽可能通过原有炼油企业的技术改造实现，打造大型炼化基地。坚持新建炼油厂或新增原油一次加工能力的改扩建均需国家部门审核批准。禁止各级地方政府分拆审批、备案新建单套炼油装置建设项目。对于重点地区产能建设实行监察、问责制度，对于不符合政策要求的项目予以停工、停贷等行政、金融措施。与此同时，引导炼油结构调整，实现产业升级。按照“油头化尾”思路引导产业升级，延伸原油生产链条，提高产品附加值。可鼓励部分炼油企业由生产油品调整为生产化工原料，或转型为其他下游加工业，支持、引导炼油企业向深加工、清洁化、精细化方向发展。

（2）预防“大进大出，两头在外”发展模式，支持炼油企业技术、资金“走出去”

面对亚太地区成品油出口市场被挤压的预期，中国炼油工业的发展不宜走“大进大出，两头在外”的发展模式，成品油出口政策不宜放松。坚持原油加工主要是满足中国交通运输和化工发展需求的原则，少量进出口调节市场与需求结构的差异。支持企业技术、资金“走出去”，“一带一路”沿线有些国家的炼油业水平较低，几近空白，且需要进口成品油。中亚地区炼化工业基础薄弱，规模不大；俄罗斯炼油规模虽然较大，但设备、技术较为陈旧，亟须升级换代；中东地区为发展多元化经济，正继续发展炼油能力，需要国际先进技术支持。我国炼油工业已形成了从科研、设计、工程建造到生产炼制、储运销的完整体系，已具备较强实力，能够在“一带一路”原油加工带建设中发挥较大作用。

（二）分类优化利用煤电产能存量，强化国家电力规划引导约束作用

1. 分类优化利用煤电产能存量，提高煤电先进产能标准，淘汰落后

（1）以全局成本效益最优为标准，依靠电力市场改革促进已有发电机组充分利用

减少行政干预，研究和采取有效的市场机制手段，从系统最优角度出发，以成本效益最优为原则，充分利用好符合节能、环保、安全等标准的已有煤电机组，避免无效投资和系统性浪费。一方面要促进能效高的煤电机组充分发挥其发电成本优势，努力降低社会用电成本；另一方面充分发挥能效相对低的煤电机组的发电容量，挖掘其调峰潜力，加强煤电机组备用、调峰能力建设，实现向电力型机组转变，保

障电力系统安全、灵活性，促进可再生能源发展。

（2）以高标准研究制订煤电先进产能标准，加快淘汰煤电行业落后产能

严格执行国家节能、环保、安全等政策，加大节能、环保等督查力度，确保能耗高、污染重、安全性差、服役年限长的煤电落后产能有效退出，大力压缩过剩产能。停止对老旧机组进行大幅投资改造，对不符合节能、环保标准的相应机组直接关停。加强对企业供热改造条件的评估和监督，防止企业在不具备供热改造条件下以供热名义继续保留机组。

2. 从严制订煤电调控目标抑制新增产能，强化国家电力规划约束作用

（1）从严制订煤电调控目标，严控新增项目

国家主管部门在科学规划、系统评估的基础上，综合地方经济发展、跨区资源配置、可再生能源发展，制定出煤电调控目标；根据电力供需变化趋势定期发布分省煤电规划建设风险预警提示，为国土、环保、水利、银行等金融机构提供决策依据。取消全部不具备核准条件的煤电项目，不搞例外。谨防政策限制范围外的缓核缓建省份、西部煤电基地西电东送配套煤电项目、满足民生热电项目，以各种目的不顾及市场供需状况抢占煤电市场空间，强化通过跨省区资源配置方式来满足资源不足地区电力需求增量。

企业应严格执行决策程序，严格执行投资管理制度，严肃投资纪律，加强投资计划、资金和工程控制，严格签字背书，强化责任追究，坚决杜绝项目抢跑和超计划投资。

（2）强化国家电力发展规划的统筹性和权威性，建立规划实施评估、考核工作机制

国家加强对重大能源项目的研究和决策，完善电力发展规划的科学支撑体系，要充分发挥行业协会、电网企业、大型发电企业以及科研设计院所等规划研究力量，充分吸取专家、学者和社会公众意见。电力发展规划应站在国家角度、与长期发展方向一致，制定过程中要避免受到垄断企业和大利益集团的影响。

建立规划实施检查、监督、评估、考核工作机制，保障电力规划的有效执行。加强投资预算约束，加强对地方政府非市场化行为的监控、纠正，规范地方政府及国有企业投资行为。

审慎对待地方政府利用低地价、低环保标准、税费减免等方式扭曲资源要素价格。规范电力行业的行政审批，有效落实规划，明确审核条件和标准，规范简化审批程序，完善市场规划，保障电力发展战略、政策和标准有效落实。

（三）分类施策，积极稳妥抑制能源企业债务风险

随着能源供应出现过剩势头、能源价格走低，能源企业亏损面增加，债务大幅攀升，2015 年煤炭行业企业平均负债率增至 70% 左右，行业亏损面达到 80% 以上，其中 26 家上市煤炭企业负债额接近 10000 亿元，煤炭行业不良贷款率也相应攀升。

当前及今后一段时期，必须积极稳妥抑制能源企业债务风险，重点是加快产能过剩领域能源企业去杠杆，降低既有能源企业负债水平与新增能源项目信贷风险并举，防止能源企业债务不断扩大至无力偿还，严格防范“企业债务增加—行业产能过剩—产品价格下跌”这一

相互反馈的系统性金融风险，进而倒逼落后产能退出，抑制不合理能源投资，促进能源供需平衡。

1. 严控能源“僵尸企业”信贷，倒逼其产能退出

贯彻落实企业破产法律法规，坚决停止发放信贷，加快推动中小煤矿、小煤电、小炼油等产能过剩行业“僵尸企业”破产清算。完善破产企业债务偿付规则，优先成立煤炭等能源企业下岗分流人员再就业基金，对符合条件的煤炭企业分流人员进行金融信贷支持。

2. 严防亏损较为严重能源企业“借新贷还旧债”

对持续严重亏损、失去清偿能力和市场竞争力的能源企业，特别是连续六个季度出现亏损的能源企业，必须严格信贷控制，防止债务滚雪球般不断扩大。政府与市场相结合，搭建平台，帮助国有能源企业内部挖潜，盘活各类闲置资产，以出售、转让或租赁闲置资产补充企业现金流，同时鼓励企业加大主营业务资产整合力度，改善经营效益。

3. 积极稳妥推进不良资产率很高的能源企业债务重组

鼓励能源企业，特别是负债率持续上升且已超过 80% 的企业，根据自身负债情况积极与金融机构一起寻找解决办法，化解债务危机。积极探索债转股等方式，优化重组企业债务，在降低企业负债的同时，强化资本方对能源行业企业的约束。

鼓励传统能源领域成立资产管理公司，对行业领域内企业不良资产、高额信贷等进行统一管理，通过行业整合，寻找有效解决方式，消除不良资产，清偿各类债务。评估煤炭、煤电、炼油等产能过剩领

域企业的主营业务发展方向与现行去产能政策是否符合，如果基本符合政策且有一定清偿能力，可以通过实施放宽贷款期限以及调整还款方式甚至实施优惠利率等措施，帮助企业渡过难关，化解债务危机。

4. 提高重大风险领域能源投资项目资本金比例

严控产能过剩领域投资项目信贷投放，重点提高煤炭、煤电、炼油领域新增投资项目资本金比例，力争提高到50%以上，遏制不良信贷资产蔓延。加强风险评估，对技术成熟度低、示范成本高的现代煤化工项目，要求企业信贷额度不超过总投资额的30%。强化绿色信贷准入标准，对有重大环境风险的能源投资项目，将项目的资本金比例提高至60%甚至更高水平，并适当提高贷款利率，谨慎发放信贷。

（四）从快降低企业用电、用气成本，全环节降低能源企业生产成本

1. 加快推进输配电价改革，扩大电力直接交易，降低企业涉电费用及企业用电成本

加快实施输配电价改革，对试点地区电网公司交叉开展成本监审，进一步扩大试点范围，加快向社会资本开放售电业务和配电业务，力争在试点省区第一个监管周期形成的80亿元降价空间基础上进一步降低输配价格。逐步放开除输配电外的电力各领域、各环节，率先放开公益性和调节性以外的发用电计划、竞争性环节电价。

积极开展电力直接交易，在完善北京和广州电力交易中心基础上，进一步普及建立省级电力交易机构，不断扩大参与直接交易的市场主体范围和电量规模，逐步建立市场化的跨省跨区电力交易机制，形成

“多买—多卖”的电力市场竞争格局；实现市场化交易量占比 40%，通过直接交易平均降低用户购电价格每千瓦时 5.1 分以上。

继续实施好煤电价格联动机制，严格实行电煤价格指数公开、明确依据、明确计算价格公式、明确周期、明确执行时间、电煤的波动区间 30～150 元的“一个公开、四个明确、一个区间”调整机制，及时调整燃煤机组上网电价、一般工商业电价。简化企业用户电力增容、减容、暂停、变更等办理手续，缩短办理时限。放宽基本电费变更周期，按容量计费的，由一年一申请调整到一季一申请；按最大需量计费的，由按季申请调整到按月变更；将一年内规定暂停两次修改为不做暂停次数限制。

完善光伏、风电等新能源发电并网机制，进一步通过改善电力运行调节机制、贯彻落实可再生能源发电全额保障性收购管理办法等措施，重点解决弃风、弃光、弃水等问题。

2. 促进天然气进口主体多元化，从快落实管道运输价格改革相关办法，扩大直供规模，降低企业用气成本

明确满足技术经济条件的企业可以从事天然气进出口业务，促进天然气进口主体进一步多元化，通过有效市场竞争带动降低我国天然气进口价格。

从快落实《天然气管道运输价格管理办法（试行）》和《天然气管道运输定价成本监审办法（试行）》，尽快推进跨省输气管道实现财务独立核算与业务独立，严格执行 8% 的准许收益率和 30 年折旧年限规定，剥离储气库投资和费用；从严落实按至少 75% 的管道负荷率确定管道运价率，要求管道企业公开收入、成本以及管道运输价格具体

测算办法，促使长输管道运输费整体下调。

省管网应尽快参照《试行办法》出台管输费计价规定，避免改革红利不能惠及终端用户现象。进一步扩大跨省管道直供用户数量和供气规模，允许现有省管网及城市燃气专营权区内满足规定技术经济条件的企业自由购气，促进长输管道或 LNG 接收站与大用户间建设直供管线，使管输费下降惠及更多大规模工商业用户。

3. 多层次、全环节降低能源企业生产成本，为进一步降低能源供给成本打好基础

（1）清理不合理税费负担，降低能源企业税负水平

资源类税费根据资源禀赋状况建立差别化税率调整机制，在对低品位资源实行低税率政策，促进低品位资源开发的同时，降低能源企业整体资源类税费负担；一般性税费应考虑能源行业基础性作用，在增值税、所得税等方面对能源生产类企业采取精准降税措施，加大减税力度；针对部分环节存在的不合理收费，需进一步清理并采取制度化管理举措。针对能源企业需进一步加大科技创新投入的现实情况，应着力落实企业研发费用税前加计扣除等税收优惠政策。

（2）着力解决企业办社会负担

从社会保障、职能移交、职业培训、生态环境整治等方面出台一些扶持政策，切实降低能源企业人力和后勤成本。

（3）拓宽融资渠道，降低绿色低碳产业融资成本

着力解决融资渠道单一化问题，建立多元化的融资体系。未来在整个融资体系建设中，可探索多元化的融资主体和灵活多样的组合融资模式，加大政策性银行的支持力度，保险和担保机构贯穿始终，商

业银行、租赁公司、基金、债券、信托等金融机构都可以作为信贷接盘方参与其中，同时依托金融创新探索绿色债券、互联网金融、资产证券化等多种模式促进融资模式进一步升级。

（4）创新技术研发机制，降低研发成本

建设国家级的能源研发机构和平台，加快常规天然气、非常规天然气、可再生能源等领域能源重大科技攻关；建议国务院能源主管部门统一领导能源技术的研究与开发工作，保证能源技术研发的前瞻性和战略性；建立社会化的能源技术研发机构，鼓励多方力量参与到低碳能源技术的研发中，逐步建立起一种科研机构、大型企业与社会资本优势互补、利益均沾的能源低碳化、清洁化的技术研发和创新制度体系。

（五）弥补能源硬件和软件短板，提高灵活供应和能源服务水平

能源领域“补短板”重点是增强绿色低碳能源有效供给能力，提高能源需求管理水平。一方面，在能源供给侧，加强绿色低碳能源的有效供给能力，提高全社会能源普遍服务和个性化服务水平，增强能源产业的创新能力和可持续发展能力。另一方面，提升能源需求的管理水平，在能源需求侧合理引导和释放有效的能源需求。

1. 通过弥补能源基础设施短板，提高能源系统储备调峰能力和灵活性供应水平

一是提高天然气供应系统的调节能力和灵活度。鼓励社会资本参与天然气储气库、输配气管网、气化设施等基础设施建设，增强“硬

件”水平。通过对天然气调峰气源实行市场化定价，提高上中下游企业为用气高峰组织气源的积极性，同时推行天然气输气管网、LNG 接收站等基础设施的第三方公平准入等配套机制，从而大幅提高天然气调峰能力和有效供给水平。

二是提升电力系统运行灵活性和系统协调性。统筹协调各品种电源发展，提高抽水蓄能、燃气发电等灵活电源装机比重，加快优质调峰机组建设，在规划设计阶段提高新增煤电机组的调峰能力技术标准，提高电力系统调节能力。规划时合理考虑新能源参与电力电量平衡，控制不必要的新增煤电机组建设，推动可再生能源供热规划替代部分新增热电联产燃煤机组，为可再生能源电力消纳留足空间。

2. 通过弥补能源服务短板，提高全社会能源普遍服务和个性化服务水平

一是加大民生能源设施建设力度及智慧能源体系建设力度。加强不发达地区的基础设施建设，包括边远地区、农村地区、城乡接合部、“城中村”等。大规模实施以上地区的电网和配电网升级改造工程，加快天然气输气配气管网和储气设施建设，全面解决无电人口用电和无气人口用气问题，提高终端的清洁能源普及率。此外，研究探索新型城镇化地区的电热气一体化建设模式，加强智慧能源体系建设。

二是落实中央精准扶贫、精准脱贫的要求，积极开展能源扶贫工作，推进定点扶贫和对口支援。重点是深入开展光伏扶贫，结合农业、林业开展多种“光伏＋”应用，因地制宜选择光伏扶贫的建设模式和建设场址，采用资产收益扶贫的制度安排，保障贫困户获得稳定收益。

三是支持能源服务型公司的发展，提高能源个性化服务水平。通

过能源大数据挖掘、合同能源管理、碳排放管理等模式，提高能源服务多元化和能源管理智能化水平，满足多层次用户的各类能源服务需求，促进能源服务从保障供应到“量、价、质”综合服务的转变。

3. 通过弥补技术创新短板，引领能源产业的可持续发展能力跃升

通过新技术和新工艺应用和革新带来的效率提升，加快成熟技术产业化，增强关键装备和技术的核心竞争力，推动绿色低碳能源成本大幅下降，培育壮大能源领域战略性新兴产业。

一是建设国家级的能源研发机构和平台，加快能源重大科技攻关，促进我国低碳能源技术实现重大突破，赶超全球能源技术革命步伐。

二是建议国务院能源主管部门统一领导能源技术的研究与开发工作，保证能源技术研发的前瞻性和战略性。

三是建立社会化的能源技术研发机构，鼓励多方力量参与到低碳能源技术的研发中，逐步建立起一种科研机构、大型企业与社会资本优势互补、收益共享的能源低碳化、清洁化的技术研发和创新体系。

四是推动适应高比例、大规模绿色低碳能源应用配套技术的研发创新，重点加大储热、储电、储氢、新材料等新技术和新工艺的研发和示范。

五是加强非常规天然气勘探开发技术体系建设，以致密气、煤层气、页岩气为重点，加强基础理论研究和创新，重点突破通用性和关键性技术，建立我国非常规天然气的适用性技术体系，加强核心装备制造等配套体系建设，构建非常规天然气的生态友好型低成本技术体系。

4. 通过弥补能源需求侧管理短板，实现合理引导和释放有效的能源需求

充分利用价格杠杆合理引导和释放有效的能源需求，增强终端用户响应，推进用能方式变革，鼓励新型能源消费业态。

运用峰谷电价、分时电价、季节电价等电价机制鼓励用户错峰用电，移峰填谷，调整和优化电力负荷特性。在夜间负荷低谷、风电大发时段，通过价格手段激励需求侧进行调整，鼓励电动汽车充电、智能家电运行、电热锅炉启动等。

运用调峰气价、阶梯气价和上下游价格联动等价格机制提高边际用气成本，鼓励用户节约用气，引导天然气需求合理释放。

利用可中断电价降低高峰时段的用电需求，利用可中断气价引导非居民用户的天然气需求，促进电力系统和天然气系统的需求侧响应能力，提升能源需求侧的管理水平。

（六）转变工业化和城镇化发展模式，抑制不合理能源需求

抑制不合理能源需求，首先要继续坚定不移地调整产业结构，着力发展战略性新兴产业和服务业，为未来经济增长培育新增长点，打造新优势。其次要加快转变工业化和城镇化发展模式，加强科学决策，着力减少工业生产和城乡建设中存在的各种能源资源浪费。最后要培育节约的生活方式和消费模式，通过广泛传播绿色发展思想，推动节约成为社会主流价值取向，倡导全民合理用能、适度消费。

当前阶段，抑制不合理能源需求，要突出做好化解高耗能行业过剩产能和科学开展城乡建设规划两件事。

1. 积极化解高耗能行业的过剩产能

针对产能严重过剩的钢铁、水泥等行业，要严禁以任何形式新增产能。通过严格执行环保、能效、质量、安全、技术等法律法规和产业政策，促进不达标产能依法依规退出，并设立专项奖补资金，配合产能退出企业做好职工安置工作。完善税收、金融等政策，激励企业通过兼并重组、转产改造、国际产能合作等途径压减产能。合理规划布局工业基础产业和重点行业，避免低水平重复建设和产能过剩。调整工业内部结构和产品结构，大力发展高附加值产业，结合国内外市场需求变化，增加高端优质工业产品和消费品供给，并严格控制高耗能、高排放产品出口。

2. 科学开展城乡建设规划

走新型城镇化道路，推动城镇化由外延扩张式向内涵提升式转变。以综合交通网络和信息网络为依托，科学规划建设城市群，推动大中小城市和小城镇协调发展。

实施建筑面积总量控制，科学设定城镇建筑面积发展目标，合理控制城镇开发边界。强化房屋建设和拆除审批，严格控制房地产过度开发，把去库存作为当前房地产工作的重点，降低房屋空置率。

倡导密度较高、功能混用和公交导向的紧凑型城市内部开发模式，加快地下综合管廊建设，提高国土空间利用率。转变建造方式，大力发展装配式建筑，节约能源资源，减少施工污染，提高建筑质量。

遵循自然规律和农村特点，科学规划农村未来发展形态，合理设计能源供应体系，加快普及能源服务，促进城乡协调发展。推进城市规划法制化进程，维护规划权威性、严肃性和连续性，确保依规划开发建设，杜绝大拆大建。

（七）强化系统节能和整合设计，提高能源利用效率

提高能源利用效率，需要从全盘着眼加强全社会系统节能，也要通过整合设计，深度挖掘工业、建筑、交通等重点用能领域的节能潜力。

在工业部门实施工业能效提升计划，以全球最佳实践为标杆，在重点行业全面推行能效对标，大力推进节能技术改造，大范围、大规模普及成熟节能技术。

在建筑部门依托节能标准体系加强新建建筑节能，逐步将建筑实际用能指标作为节能评价指标，进一步扩大标准覆盖面和强制执行范围，研究制定标准提升路线图和时间表，并将标准更新纳入法制体系；加快推进既有建筑节能改造；推行建筑用能设备能效“领跑者”制度，提升建筑节能运行水平。

在交通部门着力调整运输结构，通过完善铁路运输网络，增加铁路货运占比，构建以高铁为骨架的城间客运运输体系和以公共交通为骨架的城市交通运输体系，加强城市慢行基础设施建设；推进信息通信技术与交通运输系统融合，提高物流组织效率；加强技术创新，持续提高车辆燃油经济性。

1. 大力推进系统节能

在工业企业内部，应用整合设计和系统集成理念，通盘考虑各工艺流程和技术措施，推进跨工艺的系统节能改造，建立节约集约型工业生产体系。

在工业部门内部，根据产业、企业能源资源消耗和产品特点，采用整合设计方式，推进企业间、行业间共生耦合，构建循环经济产业链，建立复合型工厂，实现能源梯级利用、水资源循环利用、废物交换利用。

在工业园区、经济开发区等区域布局时，要按照循环经济理念，科学规划布局入园企业。在全社会层面，打破产业与城市发展边界，进一步发掘工业企业的社会价值，构建产城融合发展格局，建立工业化与城镇化协调发展模式。

政府要提供跨部门、跨行业、跨企业的协商服务，通过各主体间能量资源供需信息共享，实现区域内能源资源充分整合和循环利用，提高全系统综合能源利用效率。

2. 加快发展超低能耗建筑

普及“一体化”设计理念和被动式设计方法，研究开发适用于不同气候区、不同功能类型的超低能耗建筑技术体系，出台超低能耗建筑标准图集、施工工法和最佳实践案例集，因地制宜推广超低能耗建筑。

加快开展超低能耗建筑试点，适时出台国家层面超低能耗建筑标准并逐步强制实施，制定国家超低能耗建筑推广路线图。采用适宜技术路线，加快推进各气候区既有居住建筑和公共建筑深度节能改造，开展超低能耗改造试点。

加强超低能耗建筑部品开发和产业化，推动关键技术部件研发攻关并实现国产化，发展符合超低能耗建筑技术要求的系统化建筑部品。强化建材行业监管，严厉打击制假造假，大幅提高产品质量。

加强相关学科建设和职业技术培训，提高超低能耗建筑设计、检测、评估、审查人员，特别是施工人员的专业技术水平。研究制定促进超低能耗建筑发展的财政、税收、金融、土地出让、规划许可、容积率优惠等激励政策。

（八）增加清洁低碳能源需求，优化终端用能结构

优化终端用能结构，首先要大幅减少煤炭消费，特别是散煤消费。其次要显著提升电气化水平，加快推进工业自动化和智能制造，在条件适宜地区推广高效热泵采暖和制备生活热水，创新发展新型家用电器和智能家居，大力发展城市轨道交通，推广电动汽车。再次要积极扩大天然气需求，加快发展天然气调峰电源和调峰热源，因地制宜开展天然气分布式利用，鼓励在适宜地区推广分户燃气采暖和天然气汽车。最后要结合当地实际加快可再生能源终端利用，包括推广太阳能热水系统、建筑光伏发电系统和农村生物质清洁高效利用技术。现阶段，应以削减煤炭消费和发展电动汽车为主要抓手。

1. 大力削减煤炭终端消费

实施煤炭消费总量控制，率先在大气污染联防联控重点区域、经济发达地区和大中城市加快淘汰分散燃煤小锅炉，推动重点地区和城市实现煤炭消费负增长，加强农村散煤治理。有序推进重点用煤领域“煤改气”“煤改电”工程。

通过提高行业环保和能效准入门槛，促进燃煤电厂和燃煤锅炉节能改造。按照《余热暖民工程实施方案》要求，抓紧开展余热资源调研，统一进行余热供热规划，科学建立余热回收利用体系，完善创新

城市供热运营体制机制，加快推进低品位工业余热供暖规模化发展，大幅减少北方城镇采暖燃煤需求。

引导长江流域居民采用空气源热泵等高效分散采暖方式，避免大规模燃煤集中供热。

2. 加快发展电动汽车

强化电动汽车科技攻关，突破高性能动力电池、电机、车身结构和材料轻量化等关键零部件和材料核心技术。研究制定电动汽车电池、电机、充电桩等标准，推进关键零部件标准化。

实施民用电动汽车推广工程，逐步扩大私人购买电动汽车补贴试点城市范围和规模，对电动汽车给予更加宽松的限购政策，加大公共服务领域电动汽车示范推广力度。

适度超前建设充电桩网络，选择试点地区，在政府机关、公共汽车场站、高速公路服务区、市内大型停车场等地加快建设大型充电站，在小区和商业化楼宇建设慢速/快速充电桩，并同步实施配电线路改造。

探索新型商业化运行模式，健全完善电动汽车租赁、使用、维修等服务体系。

七、改革建议

从中长期来看，能源供需两侧结构性改革是一个复杂的系统工程，必须从体制机制入手，围绕有责政府、有效市场和有序社会建设，深化政府能源管理体制改革，加强能源法制建设和标准体系建设，加快现代能源市场体系建设，深化价格财税机制改革，加快推进国有企业改革，强化政府节能绩效管理，通过制度供给从根本上改变能源供需两侧各自的问题和供需不协调的矛盾，促进能源转型和能源革命。

（一）补齐政府能源管理和能源法律标准短板

推动能源供需两侧结构性改革，促进能源供需协调发展，现代能源管理制度是根本保障，必须尽快补上政府管理和法律标准短板。只有通过完善政府能源管理制度，强化政府宏观调控和市场监管，建立健全能源法律法规和标准体系，才能够有效规范和引导微观主体行为，在短期和长期、微观和宏观之间取得平衡，防范市场风险，促进能源供给紧紧跟随能源需求变化。

1. 进一步放松经济性管制，强化政府宏观调控职能

进一步放松能源项目投资审批制，由下放给地方政府转为交由市场及企业自主决定。减少政府对能源行业产能的直接管理，构建有利于市场发挥作用的产业进入与退出机制，规范企业破产关闭和落后产能淘汰的程序，建立落后产能退出市场机制。

结合放松能源项目投资审批制进程，政府核心职能要从项目审批转向做好长远规划和宏观调控。加强对全国能源供需平衡、区域间产需协调、上下游供需衔接等方面的长远谋划、跟踪分析、及时研判，从战略规划等宏观全局层面保障能源供需协调发展。

2. 加快能源立法，严格能源执法

建立科学有效的立法、司法、执法和依法行政的能源法治体制。

加快出台“能源法”“石油天然气法”，尽快修订《电力法》等能源单行法律，建立健全能源环境法律法规，完善节能法规，推进地方配套法规制定，增强《节约能源法》《可再生能源法》等的可操作性和约束力。

尽快启动二次修订《节约能源法》的程序，深入研究修订范围、内容，明确规定重点用能单位的责任与义务，对重点用能单位的节能目标、节能评价方法、能源管理制度、管理人员专业资质和职责、能源审计与对标等相关要求进行细化。

加快制修订高耗能产品能耗限额标准、终端用能产品能效标准、建筑节能标准和汽车燃油经济性标准等，推动标准法制化。加强法律监督、行政监察、舆论和公众监督，加大违法行为查处力度，提高违法成本，做到有法必依、执法必严。

3. 建立健全现代能源监管体系

健全能源监管制度和市场监管体系，制订能源监管的政策目标和具体的监管政策，依法对市场参与各方进行有效监管。强化对自然垄断环节价格和公平服务以及竞争性领域市场秩序的监管，防止垄断和不正当竞争，维护公平有序的市场竞争。建立能源全领域监管机制，逐步实现由以电力领域为主发展为天然气、石油、供热、核电安全、节能等领域监管全覆盖。完善监管职能，对市场运行、市场交易、普遍服务、投资者及消费者保护等问题进行全面监管。

（二）加快现代电力和油气市场体系建设

推动能源供需两侧结构性改革，促进能源供需协调发展，核心是建立统一开放、竞争有序的现代能源市场体系，重中之重是深化电力和油气体制机制改革。相应地，必须加快建设现代电力和油气市场体系，打破垄断，引入竞争，构建市场信号协调供需新机制。通过让市场信号发挥协调供需的作用，有效平衡日趋复杂的能源供给和需求体系，也有助于抑制不合理需求，推动有序用能，提升能源供给质量和效率，避免盲目投资扩张。

1. 尽可能打破电力和油气领域垄断经营模式，引入竞争机制

在电力和油气可竞争环节引入多元主体，积极推动混合所有制等多种经营方式。逐步放开油气上游和下游的竞争性领域，在上游加快放开探矿权和采矿权，由登记制改招标制，推动地质信息共享，建立基于技术经济标准的准入门槛，逐步增加市场主体；网运分开、公平准入、多元投资、有效监管，构建独立多元的油气管网运输体系；进一步放开原油进口权和使用权，尽快将原油进口使用权和原油进口贸易权合二为一，打破天然气进口权限制；逐步取消成品油批发零售环节特许经营权，放开下游零售市场。逐步放开除输配电外的电力各领域、各环节，率先放开公益性和调节性以外的发用电计划、竞争性环节电价，加快向社会资本开放售电业务和配电业务，不断扩大参与电力直接交易的市场主体范围和电量规模，逐步建立市场化的跨省跨区电力交易机制，形成“多买—多卖”的电力市场竞争格局。

2. 加快现代电力市场建设

深入贯彻落实《中共中央　国务院关于进一步深化电力体制改革的若干意见》（中发〔2015〕9 号），加快建立电力市场配套机制建

设，逐步建立符合国情的电力市场体系，力争到2020年取得重大成效，2030年前建成现代电力市场。

一是全面推进电力用户与发电企业直接交易，进一步完善电力用户与发电企业直接交易的准入、交易等制度，扩大交易范围和规模，逐步放开110千伏及以上电压等级大用户参与电力市场直接交易，尽早在全国范围开展直接交易。

二是进一步培育售电市场，多途径培育售电侧市场竞争主体，发电企业及其他社会资本均可投资成立售电公司，同一供电营业区内原则上应有多家售电公司；在试点示范的基础上，尽快在全国推动售电市场建设。

三是建立健全北京、广州两大国家级电力交易中心运行机制，加快区域或省级电力交易中心建设，逐步形成以中长期交易为主规避风险、以现货交易为补充发现价格、交易品种齐全、功能完善的电力市场交易机制。

3. 探索建立充分反映电力电量时间价值的市场机制

密切跟踪和把握未来电力供需形势，重点针对电力不确定供应与波动性需求不协调加剧现象，充分借鉴国外成熟电力市场经验，探索建立充分反映电力电量在不同时段真实价值的市场机制，提高电力系统灵活性。

在电力市场各个环节机制的设计过程中，应当以建立现货市场为核心的电力批发市场为主线，在现有的大用户与发电企业直接交易基础上，进一步扩大市场准入范围，并适时开放零售市场。按国际惯例规范大用户直接交易，建立现货市场和辅助服务市场。逐步降低现货交易间隔时段，以降低市场备用容量需求，进一步提高电力系统灵活性。

此外，应对符合相应市场准入条件的各类电力灵活性资源无歧视开放，准许不同类型的灵活性资源（发电侧灵活性资源、用电侧灵活性资源、储能灵活性资源等）参与到各个市场环节（电能量市场、辅助服务市场、容量市场等）中来，通过市场竞争机制对灵活性资源形成有效引导和激励，为充分协调电力供需营造市场空间。

4. 在打破垄断的基础上，加快现代油气市场体系建设

允许矿业权在满足法定条件下自由转让，建立“以自由转让为原则，禁止转让为例外”的矿业权市场，将矿业权转让的审批登记制改为“登记制”。探矿权和采矿权应全部通过招标、拍卖、挂牌等市场配置手段出让，进一步制定油气矿权招投标程序的实施细则。培育和壮大石油零售市场，引入多元主体和多种经营方式，使其充分竞争。建立健全石油期货市场交易机制。

5. 完善能源信息公开制度，使能源市场信息透明化

建立能源信息发布制度，加快建设能源公共信息平台，整合政府、企业及协会等信息。跟踪监测分析各地区、能源行业和能源密集型产业、重点企业的能源生产、消费、库存、价格等状况，定期发布，让市场信息充分透明，保障市场主体合理决策。推动电网、油气管网等通道输运能力、调度计划等信息公开，促进产运需有效衔接。加强产能信息统计工作，研判供需形势变化，预警行业产能过剩风险。

（三）理顺高碳能源与清洁能源的比价关系

推动能源供需两侧结构性改革，促进能源供需协调发展，必须深化能源价格财税机制改革，关键是要理顺高碳能源与清洁能源的比价关系。通过完善的价格财税手段，合理确定高碳能源与清洁能源的比价关系，形成促进节能的价格税收体系，一方面能抑制高碳能源供应，有助于化解传统过剩产能，另一方面能加速低碳能源发展，有助于补上清洁能源供应短板，从而促进供应由高碳向绿色低碳转变，逐步与清洁化需求相协调，此外还能促进能源节约，减少不必要的能源浪费，引导合理需求。

1. 加快建立健全煤炭外部性成本内部化机制

在生产侧，一方面完善煤炭资源税征收标准，体现国家对煤炭的所有权，反映煤炭资源耗竭代价和资源开发的生态环境成本；另一方面分步推进，将煤炭可持续发展基金、矿山环境治理恢复保证金、水土流失防治费、土地复垦费等各类费用改为征收生态保护税，并逐步提高税额标准，最终建立完善的生态补偿税收政策。在消费侧，考虑通过征收环境税、碳税或有偿发放碳排放配额等方式推行煤炭排污费改税，并逐步提高税额标准，最终实现煤炭消费的外部性成本内部化。

2. 完善天然气价格形成机制，力争缩减与煤炭价格差距

一是取消天然气用户交叉补贴。应逐步提高居民用气价格，使其能够真实反映供气成本和合理利润，同时降低工商业企业用气价格，使之朝着有利于规模化替代煤炭的方向发展。

二是探索改进天然气价格形成机制，形成更富有弹性的门站销售价格。按照“市场净回值法”的准则，天然气销售价格应与由市场竞争形成的可替代能源价格挂钩。目前，可替代能源价格主要是燃料油和 LPG，但二者是非完全市场竞争形成的价格，未来更应考虑将煤炭、热力作为天然气可替代的对象，综合“一篮子”替代能源价格制定更加合理的天然气门站销售价格。

三是加快行业体制改革，减少天然气运输环节的不合理加价，促进终端价格水平下降。严格监管具有自然垄断性质的长输管网和省内管网公司，在定期开展成本监审的基础上，对管输价格实行政府定价，并向社会公开，接受社会监督。

3. 完善天然气替代煤炭和可再生能源发展的激励政策

基于环境税、碳税或初始碳排放权有偿分配的收益，探索将这部分财政收入用于补贴天然气替代煤及补贴可再生能源发展，并建立相关机制。理顺电价形成机制，建立以煤炭外部性成本内部化为准绳的上网电价、销售电价形成机制，合理确定可再生能源补贴标准，逐步取消可再生能源电价附加，转而由煤炭消费的外部性成本支付可再生能源发展所需的补贴额。

4. 进一步完善促进节能的价格税收政策

根据水泥、电解铝行业实施能效电价的成功经验，将能效电价的实施范围进一步扩展至钢铁、化工等高耗能行业，建立能效优者享受廉价能源的激励机制。通过细化政策设计、简化相关手续和流程，推进已有节能税收优惠政策的落实。全面推广居民阶梯电价、惩罚性工商业电价等政策。

（四）强化垄断性国有企业成本约束与绩效考核

推动能源供需两侧结构性改革，促进能源供需协调发展，必须深化能源国有企业改革，重点是要强化垄断性能源国有企业成本约束与绩效考核。通过完善的成本约束与绩效考核手段，促进能源国有企业提质增效，在增强国有经济活力的同时，不断提高服务水平和质量，满足人们生产生活中日益增长的对高品质能源服务的需求。

1. 建立并完善激励性价格管制机制

采取激励性管制方式的目的在于能够将自然垄断企业的行为引导到管制机构期望的方向上来，即能够激励自然垄断企业提高生产效率，主动降低成本，增加产品供给，从而增进社会福利。建议采取综合绩效标杆和标尺竞争相结合的综合激励性价格管制机制，并根据不同行业情况分阶段实施。

在实施初期阶段，利用绩效标杆机制引入竞争，激励各个企业提高自身运营效率，使企业效率都可以达到一个相对较高的水平；其后，采取标尺竞争机制，确定合理的价格限额，并对设定的价格上限进行定期调整，通常是逐步下调，以取得提高生产效率的激励。同时赋予被监管企业在不超过价格上限的情况下自由调整个别价格的灵活定价权，以提高社会配置效率。

2. 完善能源国有企业成本约束机制

关键在于做好企业成本测量与监控，剔除其所上报的虚假成本，降低企业与管制机构间的信息不对称程度。应为不同类型能源企业设计相应的成本计算标准，要求企业按照规定标准上报成本。监管机构还应对各企业上报的成本做定期监测，掌握不同时间内企业的成本变化，从而对企业的经营状况有更为直观和充分的了解。推行主辅分离是当前阶段完善成本约束机制的一个重要方法，应进一步推动能源国有企业分离辅业、做强主业。

3. 建立健全能源国有企业绩效考核体系

能源国有企业的绩效考核体系必须根据国有企业的双重属性制定，其社会功能与经济功能的考核都必须得到重视。一方面，当国有企业的经济利润很高时，不仅要看其带给社会的经济贡献，还要看其社会贡献，分析其社会属性成本，不能因为其经济利润高就片面地认为该企业的经营绩效良好。另一方面，当企业处于经济困境时，既要分析其经济原因，又要分析其社会原因，厘清企业承担社会功能与实现经济利润之间的关系。

4. 强化能源国有企业市场意识和科学投资

继续深化国有企业改革，积极引导企业建立现代企业制度，加快提高国有企业的市场竞争意识、风险意识，使其投资行为科学高效。在国有资本垄断的能源行业加快推进政企分开、政资分开，推进国有股市场机制改革。在改革过程中，减少政府特别是地方政府对市场的直接干预，引导企业依靠自身的实际情况做决策，使企业能够成为自主决策、自主投资、自我约束、自担风险的真正的市场主体，逐步消除负外部性对投资行为的影响。

（五）完善提高能效的激励约束机制

推动能源供需两侧结构性改革，必须要抑制不合理能源需求，严格落实节能优先战略，重点是进一步健全节能的激励约束机制。通过完善政府节能绩效管理制度，建立健全能源消费总量和强度“双控”机制，推动用能权交易，强化第三方机构在企业节能中的作用，拓宽企业节能融资渠道，使我国能源需求日趋合理，进而引导能源供应结构迈向中高端。

1. 完善政府节能绩效管理制度

继续强化节能目标责任评价考核，提高领导干部对节能重要性的认识，将节能目标完成情况和节能政策落实情况作为政府领导干部综合考核评价的重要内容，增加考核权重，实行问责制。加快完善节能目标责任评价考核指标体系，逐步构建评价维度多元，兼顾效率、效益、效果，体现公众感受、社会公平和地区差异，实现可测量、可报告、可核查的政府节能绩效考评指标体系。

探索实施政府节能绩效过程管理。建立更加有效的节能绩效考评和察访核验工作机制，简化考评模式，“抓两头，放中间”，引入第三方机构参与绩效评估，增加现场考核小组对行程安排的自主权。强化节能绩效考评的结果运用，向社会公开结果，接受公众监督。

2. 建立健全能源消费总量和强度管理机制

继续实行能源消费总量和强度“双控”制度，并坚持制定较高目标。对重点地区、高耗能行业和产能过剩行业实行能源消费总量控制强约束，对其他行业实行能效标准强约束。探索建立能源消费总量预算化管理制度，提高各地区能源消费精细化管理水平。完善能源消费总量预测预警机制，对能源消费总量增长过快的地区及时预警调控。构建地区间优化产业布局的协调机制，推动区域经济与产业宏观布局协调发展，避免重复建设和能源浪费。

3. 探索建立用能权交易机制

调研总结已实施用能权交易地区的经验教训，扎实推进用能权交易试点工作，及时评估总结试点经验，研究出台全国层面开展用能权交易的实施办法。研究用能权科学确权方法和交易价格合理制定方法。完善超用能惩罚、第三方能耗审计、产品能耗限额标准等配套机制。

4. 强化第三方机构在企业节能中的作用

依托行业协会、咨询公司等第三方机构推进企业节能综合诊断、能效对标、能源管理体系建设和认证等工作。有关部门要尽快研究制订节能综合诊断工作规范，明确诊断对象、形式、内容和程序，建立诊断报告审查制度和满意度回访制度。将能效对标与能效“领跑者”制度相结合，根据对标结果筛选出行业能效“领跑者”，开展企业能效排名。强化能源管理体系培训，加强经验总结和交流，探索建立将能源管理体系认证与用能权配额相挂钩的激励机制。

5. 拓宽企业节能融资渠道

通过政府和社会资本合作模式（PPP）、节能基金、风险担保等多种形式，为企业提供节能资金支持，并利用节能所得收益补充和扩大“资金池”规模，用以支持更多节能项目。组织有关专家为节能市场金融机构提供政策解读、项目评估等方面的信息服务，消除信息不对称，减少金融机构对风险的担忧。

参考文献

［1］七问供给侧结构性改革——权威人士谈当前经济怎么看怎么干［M］. 北京：人民出版社，2016.

［2］国家行政学院经济学教研部．中国供给侧结构性改革［M］. 北京：人民出版社，2016.

［3］滕泰，范必，等．供给侧改革［M］. 北京：东方出版社，2016.

［4］吴敬琏，等．供给侧改革　经济转型重塑中国布局［M］. 北京：中国文史出版社，2016.

［5］贾康，苏京春．供给侧改革　新供给简明读本［M］. 北京：中信出版社，2016。

［6］王庆一．2015 年能源数据［R］. 2016.

［7］国家统计局能源统计司．中国能源统计年鉴 2015［M］. 北京：中国统计出版社，2016.

［8］清华大学建筑节能研究中心．中国建筑节能年度发展研究报告 2016［M］. 北京：中国建筑工业出版社，2016.

［9］国家发展和改革委员会能源研究所．能源生产和消费革命专题报告汇编［R］. 2015.

［10］国家发展和改革委员会能源研究所．重塑能源：面向 2050 年能源消费和生产革命路线图［R］. 2016.

［11］中国能源研究会．中国能源展望 2030［M］. 北京：经济管理出版社，2016.

［12］茅于轼，盛洪，杨富强．煤炭的真实成本［M］．北京：煤炭工业出版社，2008.

［13］国家环保部环境规划研究院．煤炭环境外部成本核算及内部化方案研究［R］．2014.

［14］清华大学．煤炭总量控制的协同效益研究［R］．2014.

［15］国家发展改革委．充分发挥价格杠杆作用　助力供给侧结构性改革［N/OL］．2016－05－03. http：//zys. ndrc. gov. cn/xwfb/201605/t20160503_ 800721. html．访问时间 2016－05－09.

专题篇

稳步推进能源供需协调发展

第二章
Chapter Two

能源需求侧结构性改革面临的重大问题

我国经济发展进入新常态，中央提出要“推进供给侧结构性改革”，即“在适度扩大总需求的同时，着力加强供给侧结构性改革，着力提高供给体系质量和效率，增强经济持续增长动力，推动我国社会生产力水平实现整体跃升”。能源是国民经济发展的重要物质基础，生产产品和提供服务离不开能源的消费，随着经济社会发展、产业升级以及人们生活水平的提高，对能源的需求在不断变化，既有总量的变化，更有结构、品种的变化，能源供需两侧结构性改革既要解决长期以来我国能源供需两侧粗放式发展所积累的技术性、体制性和结构性问题，更要解决能源供应不能适应能源需求新变化的矛盾。本专题围绕能源需求侧结构性改革问题，研究分析新形势下我国能源需求出现的新特点，研判未来能源需求发展的新趋势和新要求，识别能源需求转型升级面临的问题，提出能源需求侧结构性改革的主要任务及措施建议。

一、经济发展新常态下能源需求呈现新特点

（一）能源需求进入低增量、低增速时代

从“十五”“十一五”到“十二五”时期，我国能源需求出现了

阶梯式下降，经济发展与能源需求增长脱钩现象初现端倪。自 2000 年以来，伴随着工业化和城镇化进程的加快，我国能源需求出现了前所未有的高速增长态势。如图 2－1 所示，2001—2005 年能源消费总量年均增速高达 12.3%，5 年的能源消费增量超过了 1980—2000 年 21 年的能源消费增量。“十一五”时期，能源消费量年均增速回落至 6.7%。“十二五”时期，尤其是我国经济进入新常态以后，年均增速再次出现跳水，已下跌至 3.6%，能源弹性系数降至 0.5 左右，经济发展与能源需求增长脱钩现象初现端倪，能源需求已进入低速增长期。

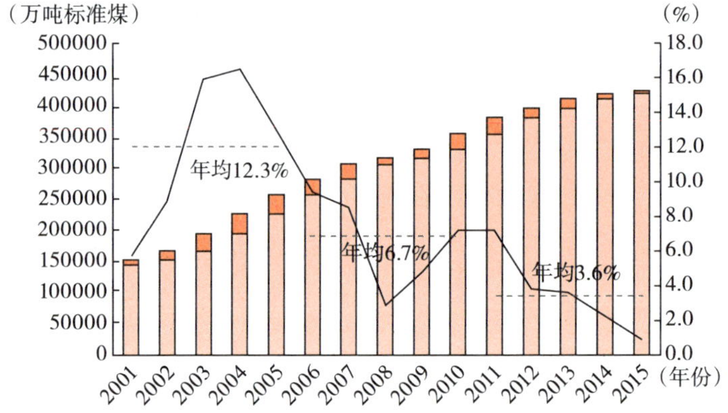

图 2－1　2001—2015 年中国能源消费总量及同比增量、增速变化

注：图中浅色部分为年能源消费量同比的增量。

数据来源：中华人民共和国国家统计局．中国统计年鉴［M］．北京：中国统计出版社，2016.

（二）结构调整和技术进步“双轮驱动”能源效率持续提升

我国能源利用效率显著提升，与全球先进水平差距明显缩小。自 2006 年我国首次将单位 GDP 能耗下降 20% 左右作为经济社会发展的约束性目标以来，节能工作持续强化，2010 年全国单位 GDP 能耗比

2005年下降了19.1%。“十二五”时期，又提出单位GDP能耗下降16%的节能目标，作为12项约束性目标之一，加以强力推进。在产业结构调整和技术进步共同推动下，我国单位GDP能耗持续下降，而且降幅逐年加大，如图2－2所示，“十二五”节能目标可超额完成。

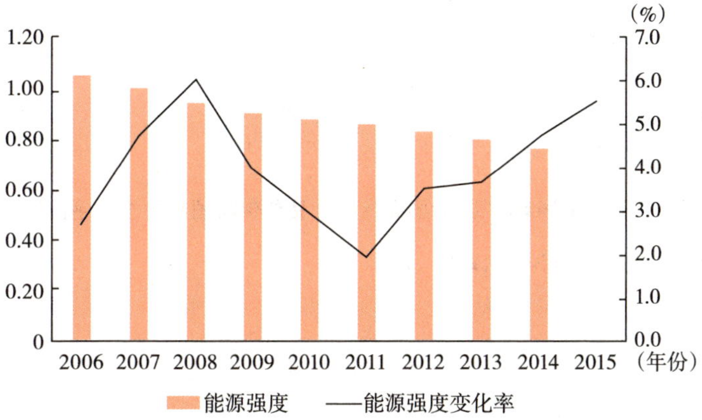

图2－2　2006—2015年中国单位GDP能耗变化情况

数据来源：2010—2014年单位GDP能耗数据来源于《中国能源统计年鉴》，2015年的数据来源于国家统计局《2015年国民经济和社会发展统计公报》。

结构调整对单位GDP能耗下降的贡献进一步提升。2005—2010年，三次产业结构调整对全社会节能量贡献只占3%，而2011—2012年，三次产业结构调整对全社会节能量贡献占比达30.7%，结构调整对单位GDP能耗下降的贡献显著加大。在终端能源利用效率方面，我国与全球先进水平的差距也在不断缩小。如图2－3所示，我国钢铁、水泥、烧碱等主要高耗能产品单耗与国际先进水平差距仅在10%左右，煤电、电解铝等产品单耗甚至已经达到国际领先水平①。

① 乙烯、合成氨等产品由于工艺路线和原料等原因，与国际先进水平还存在明显差距。

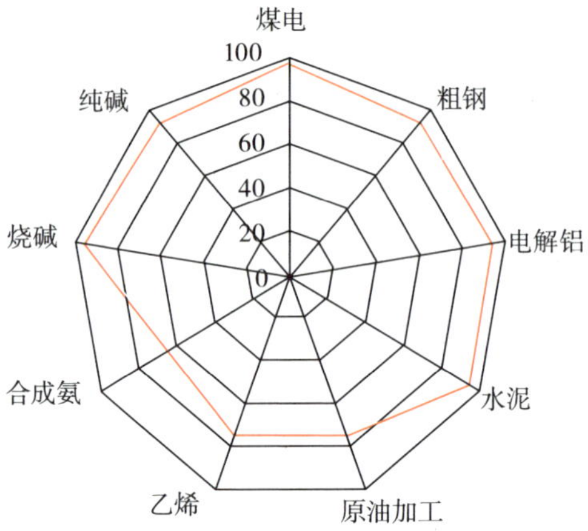

图 2-3　2014 年中国主要高耗能产品单耗与国际先进水平比较

数据来源：王庆一．能源数据 2015 [Z]．

（三）经济发展开始与高碳能源增长“脱钩”

1. 2013 年以来我国煤炭需求总量连续两年出现负增长，煤炭在一次能源中的消费占比回落

从煤炭占一次能源消费总量的比重来看，自 2011 年以来，煤炭占比开始出现下降，由 2011 年的 70.20% 下降到 2015 年的 64%（如图 2-4 所示）；从煤炭消费的绝对量上看，2011 年我国煤炭消费量为 38.9 亿吨，2013 年为 42.44 亿吨，自此之后开始出现回落，两年下降接近 3 亿吨①，2016 年上半年同比又减少了 8800 万吨②。煤炭消费总量及煤炭在一次能源消费中的占比持续“双降”，意味着我国煤炭总量控制初见成效。

① 国家统计局能源统计司．中国能源统计年鉴 2015 [M]．北京：中国统计出版社，2016.
② 国家煤炭工业网。

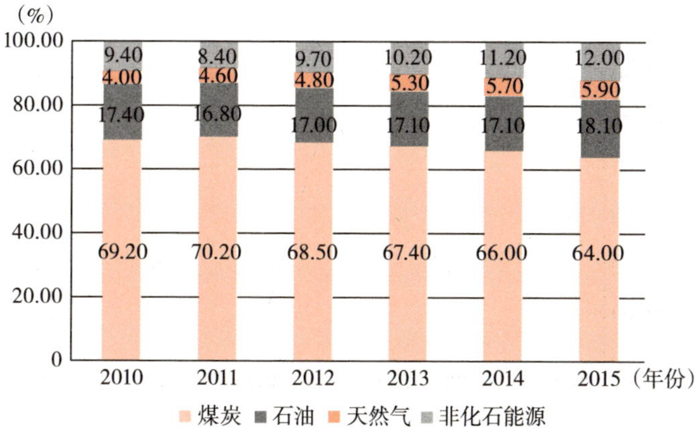

图 2－4　2010—2015 年我国一次能源消费总量中各能源品种占比

数据来源：国家统计局历年《中国能源统计年鉴》

2. 原油需求增速小幅回落，不同类型成品油需求情况出现分化

“十二五”时期，原油需求增速已出现小幅回落，由“十一五”时期平均 7.4% 的增速回落至 4.7%（如图 2－5 所示）。成品油方面，如图 2－6 所示，由于货运和客运周转量以及私人汽车保有量快速增长，使得柴油和汽油消费量保持了近两位数的齐头并进势头。但这一趋势到 2013 年开始发生变化，柴油和汽油消费增长情况出现分化：大宗商品运输量减少使得柴油消费增速由 2012 年的 8.4% 大幅回落至 2014 年的 0.1% 左右水平，2015 年甚至出现了负增长；汽油方面，尽管 2013 年汽油消费增速高达 14.7%，但 2014 年骤降至 4.4%。在国内市场相对低迷背景下，成品油出口贸易表现活跃，2015 年我国首次成为 24 年来成品油净出口国，其中柴油出口量增长了近 80%。

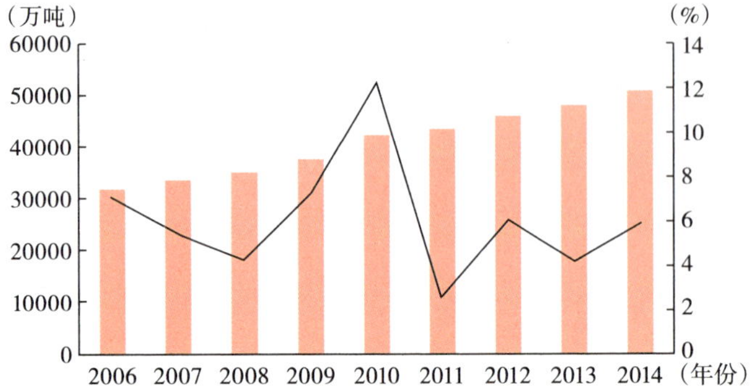

图2－5　2006—2014年原油消费总量及年均增速

数据来源：国家统计局能源统计司．中国能源统计年鉴2015［M］．北京：中国统计出版社，2016．

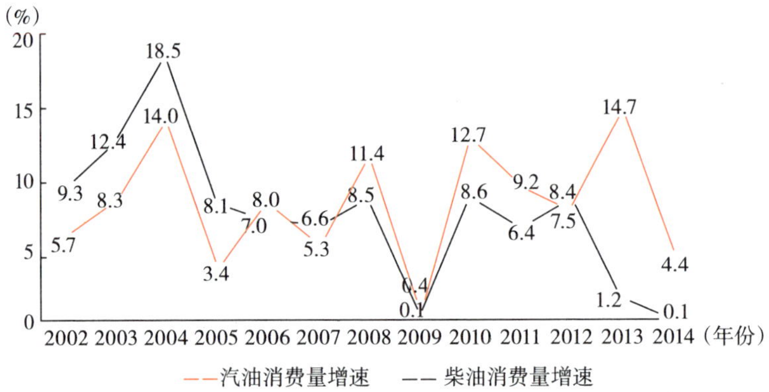

图2－6　2002—2014年汽油、柴油终端消费量年均增速

数据来源：国家统计局历年《中国能源统计年鉴》

（四）天然气和电力消费保持良好的增长态势

天然气、电力消费呈现了迅猛增长的势头，二者在能源消费中的比重快速提升。即便在能源需求总体放缓的大背景下，天然气、电力等优质能源发展仍有尚佳的表现。

1. 天然气需求近10年来突飞猛进，但近年来发展遭遇价格机制和调峰能力瓶颈的制约

进入21世纪以来，天然气消费量保持高速增长态势，2001—2014年平均年增速高达15%，部分年份增速甚至超过了20%。然而，2015年受经济增速放缓、价格竞争力不足等原因影响，天然气发展进入调整期，全年天然气消费量增长不足5%，为15年来的最低水平。部分地区天然气供应甚至远远大于需求，由过去的“气荒”发展成了“荒气”。

2. 中国电气化进程自“十一五”时期开始加速推进，与发达国家差距明显缩小，但人均电力消费量、消费领域分布差异依然明显

“十一五”时期，我国电力需求增长整体高于能源需求总量增速，电气化率由2006年的15.7%稳步提升至2014年的21%（如图2-7所示），与发达国家平均水平的差距在不断缩小。然而，在人均用电量和电力消费方面，我国与发达国家差距依然明显。

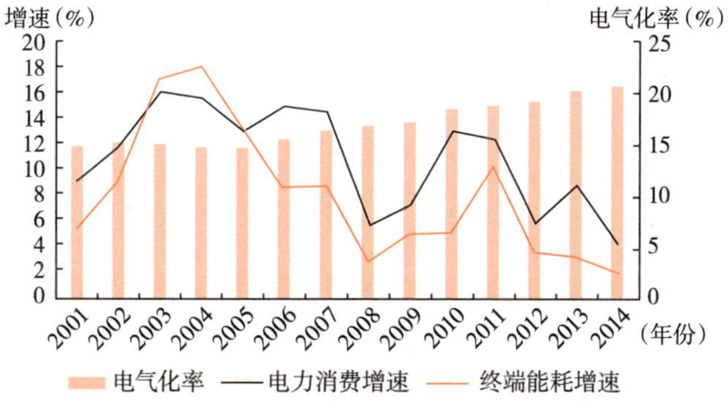

图2-7　2001—2014年中国电气化率和电力消费年增速及终端能耗年增速

数据来源：国家统计局历年《中国能源统计年鉴》

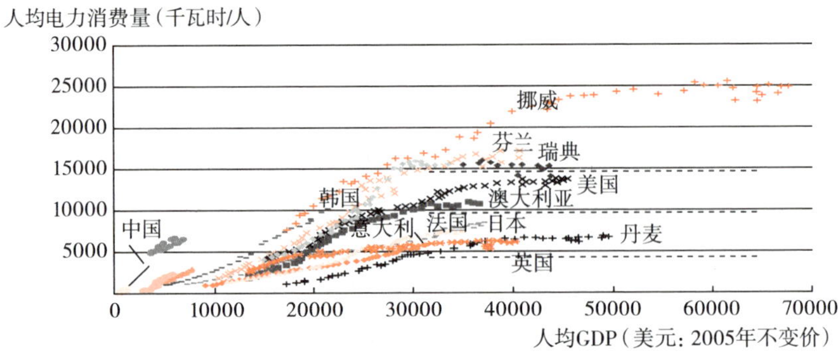

图 2－8　各国人均电力消费量对比（2012 年）

数据来源：世界银行《世界发展指标 2015》

如图 2－8 所示，主要发达国家人均年用电量基本为 7000～12000 千瓦时，相比之下，我国人均年用电量还不足 4000 千瓦时，发展空间巨大。我国的用电结构还存在偏重生产、偏重工业的特点，根据国际能源署（IEA）统计，2012 年我国居民生活人均电力消费仅为美国和日本的 1/10 和 1/5；商业和公共服务人均电力消费差距更为明显，仅为美国和日本的 1/23 和 2/15。

二、未来能源需求将步入集约、高效、清洁、智能时代

（一）能源需求发展的内外部因素发生重大转变

1. 经济发展由中高速增长迈向中高端水平，产业结构优化升级和人民生活持续改善，将从根本上改变能源需求增长的动力引擎

经济进入新常态基本宣告了传统粗放式增长时代的终结，我国工业化进程已步入中后期，产业结构将深度优化升级。三次产业层面，

工业在经济中的主体地位逐渐让位于服务业；工业内部层面，“两高一资”产业将逐渐让位于低能耗、高附加值产业。能耗较高的第二产业和重工业在经济总量中的占比持续下降，将使得工业用能对于能源需求增长的拉动力减弱。

此外，我国城镇化进程逐渐开始从规模扩张阶段进入质量提升阶段，不仅服务业和居民生活能源消费将快速增长，“城市蔓延”势头减弱也将减少全社会对于钢铁、水泥、玻璃等高耗能产品的需求。

2. 新一轮产业革命背景下，新技术、新业态不断涌现，生产方式、组织体系、协作模式的颠覆式创新将深刻改变能源需求格局

交通领域，智能交通管理模式和物流组织体系创新有利于减少交通活动水平，以高速铁路、电动汽车为代表的新一代交通运输工具使得电能对液体燃料的替代规模不断扩大。

建筑领域，被动式超低能耗建筑、近零能耗建筑、主动式产能建筑正逐步兴起，居民生活电气化水平逐步提升，终端电力消费持续增加。

工业领域，信息网络技术与传统制造业相互渗透、深度融合，增材制造、数字化嵌入式生产逐步兴起，网络经济、大数据、云计算、机器人等新产业对工业部门能源需求产生重大影响。新的用能技术和方式涌现，为改变传统低效的能源消费方式、提高能源利用效率提供支撑，也将深刻影响未来能源需求的总量、效率和结构。

3. 资源环境硬约束和应对气候变化严要求，将倒逼我国能源需求转型升级

长期以来粗放式发展模式使我国付出了惨痛的资源环境代价。资源方面，我国消耗了全球一半以上的煤炭、水泥、钢铁，原油、铁矿石、铝土矿、铜矿等重要能源资源进口依存度超过了 50%，资源安全日益成为我国经济安全领域的重大挑战。

环境方面，我国尚未成为全球第一的经济强国，却已成为全球的污染大国。只要纳入统计的各类环境污染物，我国的排放量基本都位居全球第一，能源消费引起的污染物排放已使生态环境不堪重负。不仅如此，全球应对气候变化进入攻坚阶段，对能源需求形成实质制约。2015 年《巴黎协定》签署后，各国已把 21 世纪末全球平均温度升高控制在 2℃之内作为共识，并为把温升控制在 1.5℃之内而努力。我国政府已承诺在 2030 年左右实现二氧化碳排放达到峰值并争取尽早达峰，意味着对化石能源需求增长提出了“天花板”约束，更是对传统能源结构提出了清洁化的要求。

（二）能源需求“新时代”将以集约、高效、清洁、智能为主要特点

1. 新一轮产业革命和全球化深化所释放的红利，将使我国能源需求发展以低增量、低增速为基本态势，并可以较低水平提早达到峰值

尽管我国人均能耗不足发达国家平均水平的一半，未来仍有较大上涨空间，但作为后发工业化国家，我国还具有明显的技术后发优势，

通过采取技术可行、经济合理、社会可接受的方式，抓住全球化深化发展的机遇，完全有条件、有能力以相对更低的人均能源需求和更平缓的能源需求增长来完成工业化、城镇化进程。预计2020年我国能源需求总量将进入高位平台期，预计峰值有望在2025—2035年出现。

从终端能耗部门分布看，在"互联网+"、工业机器人、3D打印、云计算等新模式、新业态和新技术带动下，工业有望实现"增产不增能"和"增值不增量"，建筑和交通部门将有望在能源需求稳步提升的同时实现"削峰发展"。终端部门能源需求结构将由当前工业部门"一家独大"，逐渐向工业、建筑、交通"三足鼎立"过渡。

2. 在结构调整和技术进步的共同推动之下，我国有望在2025年左右进入全球"能效第一梯队"

我国工业、建筑和交通部门终端能源利用效率总体上有望在2025年左右达到全球先进水平。届时我国工业部门主要高耗能行业将成为全球能效领跑者，并在节能减排、循环经济、资源综合利用等方面成为理念和实践的先导；建筑部门可以通过普及建筑一体化设计理念和被动房、选择合理用能方式和推广超高效用能设备等，实现以较少的能源消费增长，满足城镇化背景下建筑服务水平大幅提升和室内环境显著改善的需求；交通部门通过模式创新和技术进步，普及高铁、电动汽车等先进交通工具，提高汽车燃油经济性，在全面满足现代化高效、舒适、便捷交通运输服务的同时，实现能效显著提升。

3. 颠覆传统高碳能源时代，迎接"电气新时代"

未来我国传统化石能源需求峰值将陆续出现，利用方式和应用领域将得到优化升级。

煤炭方面，未来随着煤炭下游产业相对萎缩、清洁能源替代进程加速以及散煤治理工作不断深化，煤炭需求量将持续下降，2030 年煤炭占比有望下降至 40% 左右①；在新型节能环保锅炉和燃烧技术带动下，煤炭清洁化利用水平得到全面提升，煤电将成为煤炭的最主要应用领域。

原油方面，电动汽车、天然气汽车以及炼化工艺改进等因素共同形成了对原油及成品油的替代作用，使得原油需求有望在 2030 年左右达到峰值。以天然气、电力为代表的优质能源将成为能源需求的主导。

天然气方面，作为一种清洁、高效、灵活的能源，天然气将扮演传统能源替代者角色，在工业、建筑和交通部门得到大规模应用，并成为新能源时代的支柱型能源。

电力方面，能源互联网、第三次工业革命将为电气化进程开辟更为广阔前景，我国将逐渐步入“新电力时代”，电气化率有望在 2030 年提升至 30% 以上。

4. 能源需求将在时间分布上更为随机，但可调峰用能设备大规模应用以及智能家电的普及，有利于提升需求侧的智能水平和响应能力

终端用能领域，结构和设施的变化将客观上使能源需求的随机性增强。通常，工业用能的负荷相对稳定，而建筑、交通用能负荷波动性相对较大，未来工业用能稳中有降，而建筑、交通用能增加会使终端用能的随机性增强。例如，人们对于采暖、制冷等能源服务需求持

① 国家发展和改革委员会能源研究所．重塑能源：面向 2050 年能源消费和生产路线图［Z］．2016.

续增加，会给能源系统带来更多季节性波动。

但是，电动汽车、蓄热式电锅炉等可调峰用能设备以及智能电网、智能电表等基础设施的应用普及，能够有效提升需求侧智能水平和响应能力，在合理的价格信号和管理措施引导下，需求侧的随机性反而可成为能源系统的宝贵资源。

三、能源需求发展所面临的结构性问题及解决途径

（一）集约发展“新要求”与大量不合理需求之间存在矛盾

1. 中国经济一直在追求数量和规模的传统发展模式上高速前行，由于体制、技术等原因，不合理需求比比皆是，与集约发展的内涵相去甚远

过度建设、大拆大建和产能过剩是能源需求侧不合理需求的集中表现。过度建设问题在基础设施建设领域表现得尤为明显，当前我国已出现基础设施建设过度的迹象，已有相当一部分机场、公路出现过度超前建设和过剩、投资效益低下等问题。据不完全统计，我国“十二五”时期各地规划的高速公路里程达16.5万公里，是美国现有高速公路里程的两倍左右，远远超出合理发展规模①，不合理的超前建设透支了未来发展空间。

“大拆大建”现象在建筑领域更为普遍，一些地方大搞房地产建

① 高世宪，任东明，等．推动能源消费生产与消费革命研究［M］．北京：中国经济出版社，2014.

设，一些远不到使用寿命期的建筑被提早拆除，全国每年建筑拆除面积约为当年新开工面积的15%、竣工面积的30%，仅2013年城镇建筑拆除面积就达6亿～7.5亿平方米①，而房屋营造本身就是“高资源、高能源”消耗的过程，很多被拆除建筑的寿命不到30年，资源浪费严重。

产能过剩现象已经从传统产业向新兴产业蔓延，2013年我国主要工业行业的产能利用率普遍低于80%，其中甲醇的产能利用率仅51%，平板玻璃也只有62%，作为战略性新兴产业的光伏电池组件的产能利用率也不到65%②，产能闲置造成能源、资源的巨大浪费。

2. 大量不合理需求的存在，既有发展理念上的原因，也有管理体制和机制上的原因

对以GDP作为政绩考核指标的经济社会体系来说，各级政府会自然主动推行粗放型经济增长方式，重速度、轻质量，不考虑是否有市场需求，只要增加投资，扩大生产规模，就能获得GDP的快速增长，由此带来产业结构趋同、产能过剩严重、图虚名无实效的“形象工程”层出不穷。

此外，市场机制不健全，市场主体不能完全按市场经济的模式运行，能源和资源性产品价格形成机制改革滞后，相关财税、金融政策不到位；政府管理不到位，如城市规划缺乏前瞻性、科学性，个别地方政府追求短期经济效益与中央政府长期战略相冲突；社会公共服务

---

① 清华大学建筑节能研究中心．中国建筑节能年度发展研究报告2015［M］．北京：中国建筑工业出版社，2015.

② 国家发展和改革委员会能源研究所．能源产生和消费革命专题报告汇编［R］．2015.

存在短板，节能型的公共基础设施（如轨道交通、快速公交）建设滞后，政府对住房、汽车等耐用消费品的能源效率准入标准宽松，鼓励使用节能产品的公共政策力度不足。

3. 抑制不合理需求、实现集约发展是能源需求转型升级的基础，需要更多体制机制创新，从根本上转变发展理念和发展模式

应落实创新、协调、绿色、开放、共享的新发展理念，树立正确的政绩观，转变规模扩张、片面追求 GDP 增长的外延式发展思路，从增加全社会物质、环境、生态财富角度出发，着力提升经济增长质量，减少系统低效和周期性浪费，推动经济社会实现绿色、高效、低碳发展。实施供给侧结构性改革，释放要素活力，激活市场动能，为经济转型升级和产业结构调整注入动力，从根本上转变工业化、城镇化发展模式。合理引导需求，形成全社会绿色消费氛围。

（二）高效发展“新要求”与节能效益递减、技术不确定性增加之间存在矛盾

1. 十余年技术挖潜使得节能“浮财”基本被扫尽，未来节能将面临经济性下降、复杂性和不确定性上升等困难

我国终端能效水平在过去十余年得到大幅提升，主要高耗能产品单耗与全球先进水平的差距在不断变小，大量节能技术、设备得到广泛应用，如干熄焦技术、水泥纯低温余热回收技术、离子膜法制烧碱工艺，以及变频器、高效照明设备等常规节能技术设备普及率已基本饱和。

未来节能提效工作必然将在“深水区”中探索，技术潜力收窄是大势所趋，而且节能边际效益递减以及系统性、复杂性增加也是节能工作发展所必须面对的问题，例如对于工业企业而言，过去节能的重点是针对某一局部领域应用节能技术、更换先进设备，而未来节能的重点将是在系统层面进行能源管理和工艺优化，技术门槛提高，节能的难度大幅提升。

2. 生态链接、产城融合、全系统优化等模式及颠覆性创新技术将是未来能效提升的新突破口

发达国家在建设复合型、社会化工厂方面已积累了大量实践经验，建立了企业与企业、企业与社会之间的“生态链接”和产城融合发展模式。通过采取整合设计和系统优化的手段，促成企业间物质、能量的互动，大量低品位余热、余压资源能够被更好利用，为节能技术挖潜创造更广阔的空间。

此外，新一轮产业革命带来的智能化、精细化工业生产方式，可以极大地减少能源及原材料消耗，提高能源资源的利用效率。然而，上述这些节能新技术、新模式，大多具有“一事一议”的特点，需要根据每个项目具体情况来量身定制，可以直接拿来学习和借鉴的案例越来越少，技术门槛和投资风险也越来越高。

3. 当前的节能政策和市场机制都需要根据节能工作的新形势和企业的新需求，进行“供给侧改革”

当节能进入“深水区”时，政府提供的政策和市场提供的服务却没有随之赶上。政府出台的节能政策没有充分调动企业自主节能的积极性，对于企业节能过程中遇到的融资难、信息获取渠道少等问题的

帮助也非常有限；市场上虽然兴起了合同能源管理、需求侧管理等节能新机制、新业态，但节能服务机构能力良莠不齐和时有发生的市场乱象，使得企业不能也不敢从市场上寻求支持。

因此，节能政策和市场机制需要进行“供给侧改革”，通过更多体制机制创新，调动企业节能内生动力，优化企业节能外部环境，创新政策思路和实施方式，解决节能“最后一公里”问题，为全社会节能提效工作注入更多动力。

（三）清洁发展“新要求”与能源供应旧方式之间存在矛盾

1. 煤炭供给过剩与需求侧“去煤化”之间存在矛盾

我国煤炭消费峰值已过，未来煤炭消费量将从高位出现回落。然而煤炭“黄金十年”所形成的接近57亿吨的产能以及高企的库存，使得煤炭生产企业不得不压低价格抢占极为有限的市场，造成市场上煤炭价格一路下滑。根据国内煤炭市场价格走势行情分析，2016年6月煤炭市场售价不足400元/吨（5500大卡），煤炭在主要能源品种中具有非常明显的比价优势，因此在一些领域甚至发生了煤炭对清洁能源的“逆替代”。

总体来看，我国煤炭清洁化利用水平较低，终端部门仍有大量散烧煤现象，全国每年散烧煤消费7亿~8亿吨，主要用于采暖小锅炉、工业小锅炉（窑炉）、农村生产生活等领域，约占煤炭消费总量的20%，远高于欧盟、美国（不到5%）的水平；而在供给侧，仍有超过1/3的煤炭没有经过洗选，低品质、高硫分、高灰分煤炭仍然在市场上流通，为需求侧“去煤化”进程带来巨大挑战。综上所述，煤炭供给侧必须以去产能和提高煤炭供应品质作为未来发展的重点任务。

2. 炼油能力过剩及成品油生产结构与需求侧总体放缓、柴稳汽升之间存在矛盾

原油需求未来将从高速增长转变为平稳、缓慢增长，不同成品油、炼化用油需求将出现分化。然而，近几年“大干快上”形成了超过7.5亿吨的炼油产能，几乎透支了未来5年甚至更长时间的炼油能力增长空间。

成品油方面，大宗商品运输量下降将使柴油消费量趋稳，汽油消费量会随私人汽车保有量提升而增加，但中长期会逐渐被电动汽车、天然气汽车所替代，“柴稳汽升”的需求特点将对成品油供给提出新的要求。

原油领域供给侧应以抑制产能过快增长、调整成品油生产结构和优化工艺路线为主要任务。

3. 天然气价格较高和调峰能力不足与需求侧“气化”进程之间存在矛盾

由于我国能源定价机制存在扭曲，天然气所具有的清洁、高效、灵活等特点无法转化为其对传统化石能源的价格竞争优势。相反地，在我国不同能源品种比价关系中，天然气价格远高于煤炭和石油，在市场上形成了“劣币驱逐良币”的现象。

除了价格因素以外，天然气调峰能力不足也是阻碍需求侧提高天然气消费比重的重要因素。我国储气库建设滞后，造成天然气调峰能力严重不足，夏季限产、冬季限供现象屡屡发生。所以，天然气供给

侧应以实现“运得到、用得稳、买得起”为目标①，在完善定价机制、提高调峰能力、推进管网建设三个方面重点发力。

4. 以煤为主的高碳电源结构与需求侧电气化进程加速推进之间存在矛盾

电力是否清洁本质上取决于电源结构是否清洁。以提高电气化水平来解决环境污染问题、提高居民生活质量，必须建立在电源结构清洁化基础之上。

然而，当前我国电源结构仍然呈现高碳特点，煤电机组占我国电力装机容量的65%以上，煤电占发电总量的3/4左右②，可再生电力发展前景虽然被普遍看好，但短期内仍然面临负荷预测、电力调度、竞争力不足等瓶颈约束，造成了大量“弃风”“弃光”甚至“弃水”现象。如果在这种条件下加速推进电气化进程，不仅不能提高能源系统效率，而且还可能进一步加剧环境污染。因此，电力供给侧应以低碳化和清洁化为核心，优化电源结构，高比例发展可再生电力及其他清洁电力。

（四）智能发展“新要求”与供给侧系统调节能力及智能型基础设施建设不足之间存在矛盾

1. 供给侧系统调节能力不足，难以匹配波动性用能需求

在需求侧，用能负荷相对稳定的工业部门能耗相对下降，波动性、

① 王震，赵林．新形势下中国天然气行业发展与改革思考［J］．国际石油经济，2016，24（6）．

② 国家统计局．中国统计摘要2016［M］．北京：中国统计出版社，2016．

随机性较强的建筑和交通部门能耗上升，使得需求侧用能总体趋于波动。而在供给侧，天然气和电力的系统调节能力不足，难以与波动性需求匹配起来。

天然气调峰能力差，不能满足季节性用气高峰需求。冬季北方供暖期天然气供应十分紧张，“气荒”问题屡次发生。2004—2005 年冬天、2009—2010 年冬天都曾出现过全国大面积的天然气供应短缺，造成在用能高峰时天然气供给能力严重不足，且短缺的范围和严重程度仍有不断扩大的趋势。

电力系统灵活调节电源偏少，抽水蓄能、燃气发电等调节电源比重仅 5%，与发达国家差距明显。同时，热电联产机组调峰能力不足，尤其在“三北”地区，“以热定电”的方式使得采暖季热电联产机组电力负荷无法按预期调节。

2. 需求侧智能发展受限于智能型基础设施建设、能源价格体制机制及信息分析处理能力，需求相对随机的属性使其难以转化为经济资源

随着互联网和信息控制技术的发展，终端用能设备的智能化程度将大幅提升。不仅电动汽车、蓄热式电锅炉等可调峰设备的普及可以提高需求侧响应能力，新一代通信和控制技术发展使得更多常规用能设备也具备了智能特性，可以主动根据电力系统负荷改变用能行为，从而达到智能、有序用电的效果，需求侧智能发展已具备一定基础。

然而，需求侧智能发展只有与供给侧形成良好互动才具有实际价值。实际上，受限于智能电网、智能电表等基础设施建设相对不足，以及欠灵活的能源价格体制机制，需求侧智能发展并没有衍生出经济

价值——未能通过需求侧管理/需求响应等方式实现削峰填谷并最终达到节省成本的目的。因此，未来应加强供需两侧互动，一方面增强能源供给侧系统调节能力，以适应能源需求侧日趋波动的特点；另一方面加快推进智能型基础设施建设，建立灵活的能源价格机制，提高需求侧的信息分析和管理能力，促进需求侧智能发展。

四、能源需求侧结构性改革的主要任务

（一）转变工业化和城镇化发展模式，抑制不合理能源需求

1. 加快经济发展方式转变

贯彻落实“创新、协调、绿色、开放、共享”的新发展理念，切实扭转单纯追求 GDP 的发展思路，坚定不移地调整产业结构，大力发展服务业和战略性新兴产业，努力提高发展质量和效益，减少不合理能源需求。

2. 推进工业转型升级

积极调整工业内部结构，大力发展高附加值产业，坚决抑制高耗能、高排放行业过快增长，严格控制高耗能、高排放产品出口。加快传统产业转型升级，促进信息化、工业化深度融合，推进产城融合，构建循环型工业体系。加强重点行业规划和布局，从产业激励和约束机制、利益分享和补偿机制、利益争端解决机制和绩效考核机制等方面，加速构建地区间优化产业布局的协调机制，促进地区间经济合作，实现地区共赢，推动区域经济与产业宏观布局协调发展，避免重复建

设造成能源浪费。

3. 转变城乡建设模式

运用“一体化”理念指导城乡建设规划，提高规划的科学性，发挥规划的综合调控作用。推进规划法制化，维护规划权威性。实施全国建筑面积总量控制，合理设定城镇建筑面积发展目标。推动发展紧凑型城市，积极优化城市空间布局，合理配比不同功能建筑面积。强化房屋建设、拆除审批，严控房地产过度开发，降低房屋空置率，延长建筑寿命，遏制“大拆大建”。科学规划农村未来发展形态，提高新农村建设水平，促进城乡区域协调发展。

4. 树立适度消费理念

在全社会范围内广泛宣传绿色发展思想，推动节约成为社会主流价值观，倡导全民理性、适度消费，通过标准、税收、价格、金融等政策措施，抑制奢侈消费、超前消费、过度消费，避免能源浪费。

（二）落实节能优先战略，把节能作为“第一能源”

1. 大幅提升重点领域能源利用效率

将节能贯穿于经济社会发展各领域，推动能源利用效率尽早达到国际先进水平。

工业领域，围绕生产源头、过程和产品三个重点，实施工业能效提升计划。以全球最佳实践为标杆，在重点工业行业全面推行能效对标，大力推进节能技术改造，大范围、大规模普及成熟型节能技术。继续推进落后产能的淘汰，并统筹考虑淘汰落后产能、企业兼并重组与系统性能效改进工作，应用整合设计和系统集成理念，建立节约集约型工业生产体系。推动工业企业能源管控中心建设，提高企业能源管理水平。

建筑领域，要加快建立以实际能耗为控制目标的建筑节能政策体系。持续完善建筑节能标准，逐步将节能评价指标调整为建筑实际用能，扩大标准覆盖面和强制执行范围，制定标准提升路线图、时间表，并将标准更新纳入法制体系。强化技术和经济支持，大力推广超低能耗绿色建筑，加快推进既有建筑深度节能改造。积极推行建筑用能设备能效“领跑者”制度。

交通领域，着力优化交通运输结构，大幅提高交通工具能效。完善铁路运输网络，优化货物运输结构；构建以高铁为骨架的城间客运运输体系和以公共交通为骨架的城市交通运输体系，加强城市慢行基础设施建设，减少民航和私家车出行。促进信息通信技术与交通运输系统融合，提高物流组织效率，降低货运能耗。加强技术创新，持续提高车辆燃油经济性。

2. 加快完善提高能效的体制机制

强化节能目标约束，继续实施能源消费总量和强度双控，并坚持高目标、严要求，对重点地区、高耗能行业和产能过剩行业实行能源消费总量控制强约束，对其他行业实行能效标准强约束。加强目标责任管理，将节能目标分解到各级地方政府，加大考核和监督力度，并落实奖惩制度。

加强能源消耗计量和统计能力建设，加快重点用能单位能耗在线监测系统建设，完善能源消费总量预测预警机制，及时对能源消费总量增长过快的地区进行预警调控。

建立能源消费总量预算化管理制度，提高各地区能源消费精细化管理水平。完善节能法规标准，推进制定地方配套法规，加快制修订工业、建筑、交通等领域的重要节能标准。

强化节能经济激励和约束，加大差别电价和惩罚性电价政策执行力度；整合节能财政资金，加强统筹安排，提高使用效率；完善并严格落实节能领域税收优惠政策；加快推进绿色融资。

积极推行市场化节能机制，探索建立用能权交易制度，逐步扩大能效领跑者制度实施范围，继续推行能效标识和节能认证制度，加快培养节能领域相关第三方机构。

（三）以需求引导供给，促进能源结构优化

1. 促进能源需求绿色环保

大力削减煤炭终端消费，实施煤炭消费总量控制，率先在大气污染联防联控重点区域、经济发达地区和大中城市加快淘汰分散燃煤小锅炉，推动重点地区和城市实现煤炭消费负增长；逐步提高行业环保和能效准入门槛，促进燃煤电厂和燃煤锅炉节能改造，降低工业领域煤炭消费；规模化推进低品位工业余热供暖，减少北方城镇采暖燃煤需求。

培育天然气需求市场，有序推进重点用煤领域“煤改气”工程，加快发展天然气调峰电源和天然气调峰热源，增加天然气分布式利用，鼓励发展天然气汽车。显著提高全社会电气化水平，在大气污染重点防控区域，因地制宜实施“以电代煤”；加快推进工业自动化和智能制造；在集中供暖难以和不宜覆盖地区，鼓励采用高效热泵采暖，在条件适宜区域推广高效热泵热水器；创新发展新型家用电器和智能家

居模式，提升居民生活品质；推进火车动力机车“油改电”和港口码头船用岸电改造，发展城市轨道交通，实施民用电动车推广工程。

加快可再生能源终端利用，在条件适宜地区强制推广太阳能热水系统，加快发展建筑光伏发电系统，促进农村地区生物质清洁高效利用；推广生物燃料，替代交通用油。

2. 引导能源供给清洁低碳

严格控制煤炭新增产能，加快淘汰落后产能，采取市场倒逼和政府支持相结合的方式，引导过剩产能有序退出；调整产品结构，提高洗煤、兰炭等高品质煤炭供应，满足工业生产对煤炭产品的新需求。

加快常规天然气增储上产，突破页岩气和煤层气开发瓶颈，加强输送管网和储备能力建设，降低天然气供应成本，为需求侧提供充足廉价气源。

积极稳妥发展水电，协调有序发展风电，因地制宜发展太阳能发电，安全可靠发展核电，大力提高清洁电源占比；推进综合新能源基地建设和水风光互补可再生能源基地建设，探索高比例可再生能源外送；有序推进跨区域特高压电网建设，提升电网输送能力；提高城乡配电网建设标准，提升新建住宅用电容量等级，满足居民用电新要求。

加强科学技术攻关，进一步降低风电、光伏发电、农村生物质高效清洁利用等技术成本，提高可再生能源市场竞争力。

（四）加强供需两侧互动，适应能源发展新要求

1. 推进能源生产科学布局

考虑能源需求分布新特征，调整能源生产布局。逐步转变传统大

能源基地发展模式，使能源生产适度分散，更加靠近需求中心，降低能源输配线路和管网损耗，增强能源供给灵活度。

在工业园区、城市负荷中心、农村及边远地区积极发展分布式能源系统，因地制宜综合利用水能、太阳能、生物质能、天然气热电冷联供、余热余压发电等资源，实现能源多渠道供应和多层次开发。

2. 实现供需两侧智能调节

全面推动智能电网、智能燃气网、智能热力网、智能交通、智能建筑等基础设施建设，建设能源互联网，实现多网融合、互动。加强电网智能化建设，利用智能电网集成先进探测、信息、自动化等技术，全面提升电网智能预测和优化调度水平，提高对波动性负荷的响应能力和对可再生电力的消纳能力。

需求侧加快推进电动汽车、蓄热锅炉等储能设施建设，积极开展电力需求侧响应，增强“削峰填谷”能力，降低波动性负荷对电力系统的不利影响。开展智能双向互动用电服务，建设和完善智能互动服务平台和相关技术支持平台，实现与电力用户之间的能量流、信息流、业务流双向互动，推进营销管理现代化运行和营销业务智能化应用，引导用户转变用能模式，实现有序用电、合理用电，提高系统运行水平和能源利用效率。

参考文献

[1] 国家发展和改革委员会能源研究所. 重塑能源：面向2050年能源消费和生产路线图 [Z]. 2016.

［2］中国能源研究会．中国能源展望2030［M］．北京：经济管理出版社，2016.

［3］国家发展和改革委员会能源研究所．促进重点用能企业自主节能市场化机制研究［R］．2016.

［4］田春荣．2015年中国石油进出口状况分析［J］．中国石油经济，2016，24（3）.

［5］王震，赵林．新形势下中国天然气行业发展与改革思考［J］．国际石油经济，2016，24（6）.

［6］国家统计局能源统计司．中国能源统计年鉴2015［M］．北京：中国统计出版社，2016.

［7］国家发展和改革委员会能源研究所．“十二五”节能中期评估报告［R］．2014－08.

第三章
Chapter Three

化解传统能源产能过剩的措施与对策

当前，我国经济多个产业部门出现了新一轮的产能过剩。从总量、时间和结构等方面，可将产能过剩分为绝对过剩、阶段性过剩和结构性过剩。从形成产能过剩的原因看，可分为市场性因素和非市场性因素两类，市场性因素包括经济周期、产业特性和市场结构等，非市场性因素包括体制机制和政策性因素。能源领域的产能过剩问题，主要表现在煤炭、煤电和炼油化工等传统能源领域，是市场性因素与非市场性因素综合作用的结果。

化解煤炭、煤电和炼油产能过剩，必须协调发挥市场机制和政府管理的作用，加快推进能源体制机制改革，完善能源产业政策，转变能源发展方式，实现能源供需总体基本平衡，以及供需两侧结构优化升级。

一、传统能源产能过剩的表征

（一）煤炭严重过剩，煤电阶段性过剩，炼油结构性过剩

1. 中国煤炭产能处于严重绝对过剩状态，且先进产能占比低

2015 年全国煤炭产能高达 57 亿吨，而消费量不足 40 亿吨，据众

多机构研究判断，未来我国煤炭需求不会大幅增长，绝对量甚至会下降至不足40亿吨。截至2015年底，全社会煤炭库存已连续48个月超过3亿吨，煤炭企业库存超过1亿吨。

今后一个时期，随着可再生能源等快速发展，煤炭的市场需求很难有绝对增长空间，2020年我国能源消费总量预期在50亿吨标准煤以内，煤炭消费量至多在41亿吨以内，扣除2亿吨进口煤，国内煤炭市场空间仅在37亿吨至39亿吨，而目前全国各类煤矿产能总规模超过60亿吨。我国小煤矿数量多、落后产能比重大与大型现代化煤矿数量少、先进产能比重低的矛盾还十分突出。目前全国生产煤矿、在建煤矿共有1.1万处左右。其中，年产120万吨以上的大型现代化煤矿只有1020处，而年产30万吨以下煤矿近8000处，年产9万吨以下的煤矿6500多处。

2. 用电量增速放缓的同时，新增发电装机容量却持续增长，“十三五”期间煤电产能过剩仍将不断加剧

“十二五”期间我国新增装机容量5.4亿千瓦，年均新增装机容量超过1亿千瓦，年均增长速度为9.3%，而同期电力消费增速只为5.5%，煤电发电小时连续20个月同比下降，火电发电小时数跌至4329小时。其中，煤电仍是新增电源的主力，“十二五”期间新增煤电装机容量2.35亿千瓦，占新增发电装机容量的43.5%，年均增速6.38%，虽低于可再生能源装机容量增速，但高于同期电力消费的增速。作者汇总国家能源局、中电联等机构的预测综合分析，“十三五”时期留给煤电的增长空间不会超过1.5亿千瓦。但目前在建与核准的装机容量已达到3亿千瓦，远远超过用电需求增量的1倍。自2012年

至2014年通过环评审批的煤电项目有1.60亿千瓦，2015年1—9月获批的煤电项目已超过1.23亿千瓦；若合计2.83亿千瓦煤电机组在2020年前全数投产，届时煤电过剩产能将达到2亿千瓦。

3. 炼油产能过剩态势严峻，结构性过剩突出

近年来中国炼油能力快速增长，2000—2014年中国炼油能力从2.78亿吨/年增至7.56亿吨/年，年均增长7.4%，远高于同期全球炼油能力的平均增速（约为1.0%）。与此同时，原油一次加工装置负荷率呈现明显下降态势。2014年，中国原油加工量约为5.03亿吨，相比7.56亿吨的加工能力，炼厂平均负荷率仅为66.5%，比国际平均水平低近20个百分点，按照85%的合理开工率计算，炼油产能过剩1.4亿吨。

炼油产品结构性过剩，突出表现为柴汽比不合理。炼油产品结构与市场需求存在较大偏差，主要体现为汽油、航煤产能紧张，而柴油产能过剩。我国主营炼厂“催化重整+MTBE+烷基化”等高辛烷值汽油组分的生产能力占原油一次加工能力的10%左右，世界平均为13%左右，因此中国高辛烷值汽油组分相对较低，不能满足近几年快速增长的汽油需求。未来中国消费柴汽比将大幅度下降，到2020年将低于1.2∶1，而2014年生产柴汽比为1.6∶1，差距较大，炼油发展要适应市场的变化，必须进行结构调整。

未来炼油能力过剩的问题依然存在且会更趋严重。“十三五”期间，中国经济增长由高速转为中高速，加之运输结构调整，国内成品油需求放缓、柴汽比下滑，伴随进口原油使用权和成品油进出口权改革，部分炼厂仍有扩能冲动，国内成品油供需形势将进一步宽松。与

此同时，美国和中东炼油产能增加，油品出口空间受到挤压。油气质量升级和环保要求不断提高，发展环境压力加大。但是炼油行业扩能仍然在继续，预计2020年我国炼油能力总规模可达8.6亿吨。此外，预计有超过1亿吨的炼油能力将推迟至“十四五”期间投产。“十三五”及未来一段时间，炼油能力过剩的问题依然存在且会更趋严重。

（二）产能过剩造成行业不景气、部分企业经营困难甚至破产等严重后果

1. 煤炭企业大面积亏损，行业发展困难

2015年，全国规模以上煤炭企业主营业务收入2.5万亿元，同比下降14.8%；煤炭采选业固定资产投资4008亿元，同比下降14.4%；应收账款净额3548亿元，同比增长8.5%；负债总额3.68万亿元，同比增长10.4%；行业利润总额441亿元，仅为2011年的1/10，价格也比2011年下降了55%，大型企业亏损面超过90%。2016年1—5月，煤炭行业经营状况并没有明显改善。受盈利水平下降、亏损扩大等影响，煤炭企业负债总额提高，资产负债率增加。截至5月底，全国规模以上煤炭企业负债总额3.64万亿元，平均资产负债率达到70.2%，部分企业达到80%以上。

2. 煤电运行小时数不断下滑，可能出现经营亏损

电力需求增速不断下滑，电网优先调度可再生能源发电，导致火电设备发电小时数不断下降，2015年的火电设备发电小时数仅为4329小时，为1978年以来火电设备利用率最低的一年。由于目前煤价较低，煤电企业经营尚有微利。但随着煤炭去产能措施的实施，煤炭价

格可能提高，煤电企业经营或将出现亏损。

3. 炼油投资浪费严重，未来行业性亏损风险加剧

我国炼厂平均负荷率已经下滑至不足 70%，部分地方炼厂低于 35%，甚至低于平均负荷率为 72% ~75% 的钢铁行业，无效投资、过度投资普遍，投资效率低、浪费严重。当前炼油行业未出现大规模亏损的主要原因在于国际油价大幅下滑，成品油价格实行政府管制且定价水平偏高，另外部分企业偷税漏税现象严重。未来，随着能源产品价格市场化改革进一步推进，成品油价格将逐步实现市场定价，可以预见，充分的市场竞争将导致部分炼油企业亏损破产，若产能过剩得不到有效控制，甚至可能引发行业性亏损。

二、传统能源产能过剩的原因分析

长期以来，我国电力、炼油等领域没有形成充分竞争的市场体系，产能过剩主要受体制机制和政策等非市场性因素的影响。

（一）“唯 GDP 论”的粗放式发展理念依然存在，现行体制助推能源投资膨胀

长期以来，各地把追求经济增长速度放在首位，热衷于追求 GDP 高速增长的互相攀比和竞赛，政府主动推行粗放型经济增长方式，重速度、轻质量，不考虑是否有市场需求，只要增加投资、扩大生产规模就能获得 GDP 的快速增长，导致产业结构趋同、产能过剩严重、图虚名无实效的“形象工程”层出不穷。在现有政府引导甚至主导投

资、融资方向和“分灶吃饭”的财税体制下，地方政府面临较大的增收压力，为完成政绩考核，千方百计招商引资。由于传统能源领域的投资额度大，能够较快地拉动经济总量，因此受到地方政府的青睐，对于吸引能源投资发展经济具有较大的冲动。

此外，地方政府出于增加税收的目的，还往往运用非市场化手段刻意降低产业进入门槛，人为地阻止企业破产淘汰，阻碍落后产能的退出。这是导致我国传统能源领域产能过剩的重要体制性因素。以煤炭和炼油为例，在煤炭资源富集区，其地方政府为了发展当地经济和增加税收，大力建设煤矿及相关产业，导致煤炭行业投资过热、产能过剩；炼油项目由于投资大、产值高、税收多，而对地方政府吸引力巨大。我国成品油消费税在炼厂环节征收，作为国税纳入中央收入，部分地方炼厂为了其企业利润存在漏缴消费税的行为，地方政府为了自身利益也存在监管缺位现象。税收环节存在的不正当不公平也是造成地方炼厂扩张、炼油产能过剩的原因之一。

（二）政府能源管理中计划经济色彩微观管制多、宏观调控不足，透明度低、制度化不足

长期以来，我国能源管理一直带有计划经济色彩，对微观领域的管制较多，能源管理侧重于投资审批、价格制定和生产能力控制等。能源项目投资一直由中央能源投资主管部门甚至是国务院审批，虽然当前中央政府正着力推动简政放权，将一些能源项目的投资审批权下放，但只是从中央政府下放到省级政府，能源项目投资审批权仍在政府手中。政府宏观调控职能严重不足，战略规划让步于项目审批，当全国能源供需平衡、区域间产需协调、上下游供需衔接等方面出现问

题时，往往采取暂停或加快项目审批、强制企业退出等手段，反而可能加剧供需矛盾。政府对这些本应由市场决定的内容过度干预，会扭曲价格信号，市场在资源配置上的基础功能难以得到充分发挥，甚至可能出现由于部门利益而阻碍市场化改革的现象。

我国能源法律法规尚不健全，能源领域基本法“能源法”迄今为止仍未能出台，石油天然气、能源储备、能源预警应急等基本法律制度以及针对市场公平竞争的法规缺乏，煤炭法、电力法等单行法律也不完全适应市场发展。能源法律法规、标准规范的缺失，造成政府管理行为透明度低、随意性大，能源规划、政策的出台和重大项目审批等制度化约束不足，无法可依现象广泛存在，执法不严现象也较为普遍，不能有效保护或约束能源从业者或消费者行为。在煤炭、煤电和炼油产业准入方面的管理不力，产能过剩时往往刻意拔高标准，而产能不足又放松监管标准。环保、安全标准监管体系不健全和执行不严，存在地方政府为了自身利益而放松管制的现象，致使企业应支付的环保、安全成本未能完全内部化。这变相地降低了企业的投资和经营成本，间接地推动了部分领域的投资过度增长。煤炭生产利用过程中，环境生态修复和污染物排放等没有得到充分体现。炼油行业在环保、质量方面存在双重标准，不能完全体现先进产能和落后产能的公平竞争。

（三）政府能源战略、规划等领域工作力度不足，公共信息透明程度不足

在国家能源战略研究方面，政府主管部门没有发挥应有的主导作用，研究工作多以课题研究的形式，由各个能源研究机构分别开展，

相互之间缺乏统筹协调，成果共享机制没有建立，存在大量重复研究。研究成果多以报告和著作的形式发表而结束，政府主管部门对这些成果的吸收和应用不够。由于战略研究的不足，造成形势预判失误。能源规划不协调问题突出，难以落实。能源规划编制不公开、不透明，缺乏科学性、权威性；规划执行力度和效力不够，缺乏有效的引导约束力，项目审批与规划落实脱节，实际执行与规划偏差过大，指导性、可操作性欠缺；编制方式多为模块化的拼凑，各类规划协调机制不完善，专项规划之间以及国家规划和地方规划之间缺少衔接、统筹协调。以电力为例，电力发展规划长期缺失，国家没有发布“十一五”和“十二五”电力规划，具体实践中用项目审批代替规划，这对电力科学发展造成很大影响。能源“十二五”规划提出清洁发展煤电，新增煤电 3 亿千瓦。虽然实际仅净增了煤电装机容量 2.2 亿千瓦，低于预期 8000 万千瓦，但仍出现煤电过剩局面。

政府能源公共信息透明程度不足。目前，政府掌握大量能源资料，但公开的很少，而囿于人力物力，也没有对其进行充分利用。大量的能源市场信息多被少数企业掌握，也没有公开，缺乏能源公共信息平台。信息不透明导致能源生产和消费者只能基于有限信息进行决策，一定程度上助推供需失衡，供给与需求脱节。例如，煤炭、煤电和炼油行业的产能和产能利用等方面的信息统计和发布仍不系统、不及时。数据出自多个政府部门或者行业协会，有的数据没有统计，有的差别较大，难以甄别数据的准确性。由于企业等市场主体缺乏及时准确的信息参考或警示，加大了信息不对称导致企业投资预期偏差和失误的可能，增加了部分行业产能过剩风险。

（四）能源国企市场化运营程度低，投资中市场竞争约束机制体现不够

国有能源企业未能按照现代市场化企业运营，经营中“重规模、轻效益”现象较为明显，很多企业到处“跑马圈地”，负债率常年保持在高位，但经营效率未见改善。特别在煤炭、电力、石油等能源领域，尽管国家和地方的国有资产管理委员会针对一批大型央企和地方国有企业设立了相应的经营考核管理制度，但仍然存在很多不完善的地方，科学合理的激励约束机制尚未形成，导致部分国有企业在投资决策中往往更多地追求规模和市场份额，而忽视了市场竞争和经济效益。部分国有企业肩负着区域社会和经济发展稳定的重任，退出壁垒较高或退出机制不健全，因而在其进入或退出某一行业时往往存在市场信号失灵的现象，一定程度上影响了市场竞争机制对产能过剩调节作用的正常发挥。

（五）能源价格市场化改革不完善，价格的资源配置作用难以有效发挥

我国能源领域的电价和油气价格尚无政府管制的环节，价格杠杆对市场配置资源的作用难以有效发挥，形成对煤电和炼油领域投资能够获得较好收益的预期，造成这些领域的投资冲动难以抑制。

现行电价管理仍以政府定价为主，不同电源之间无法进行电价竞争。政府以成本加成的定价机制无形中给予了企业盈利空间预期。成品油价格实行政府管制，定价水平偏高，在保护国内石油石化产业稳定发展的同时，也对那些产能落后的地方小炼厂起到了保护作用，盈

利可观制约去产能政策实施。2016年上半年，中国石油炼油板块经营利润214.25亿元，同比大幅增长286%，中国石化炼油业务经营利润326亿元，同比增长113%。与此同时，估计民营炼厂每吨原油加工利润可达300～500元。盈利情况可观与现行成品油价格政策有一定关系，设置成品油“地板价”导致加工企业积极性上升，不断扩大产能，预计短期内国内炼油产能在炼油利润驱动下仍会不减反增。尽管煤炭实行了市场化竞争，但由于电力体制改革迟迟不到位，政府仍然干预电价，造成无法形成有效的煤电联动市场机制。当煤炭价格上涨时，无法有效传导至煤电价格上涨，不能影响煤电竞争力；当煤炭价格下降时，也无法有效传导至煤电价格下降，形成煤电行业巨大的利润空间。市场机制失灵加剧了煤炭和煤电产能的扩张。

三、已出台的去产能政策分析

中央经济工作会议将“化解产能过剩”列为2016年五大任务之首，先后出台了一系列政策措施，旨在坚持市场倒逼、企业主体，地方组织、中央支持，运用经济、法律、技术、环保、质量、安全等手段，严格控制新增产能，坚决淘汰落后产能，有序退出过剩产能。国家能源局将传统能源产能过剩列为“十三五”时期我国能源发展的首要矛盾和问题，大力推动能源革命，在能源领域供给侧结构性改革上发力，积极化解煤炭、煤电和炼油等传统能源领域产能过剩。

（一）去产能政策密集出台

国发〔2016〕7号文的目标是“从2016年开始，用3～5年的时间，再退出产能5亿吨左右，减量重组5亿吨左右”，实现“较大幅度压缩煤炭产能，适度减少煤矿数量，煤炭行业过剩产能得到有效化解，市场供需基本平衡，产业结构得到优化，转型升级取得实质性进展”。“国发〔2016〕7号”文颁布后，财政部、人社部、国土部、环保部、人民银行、税务总局、质检总局、安监总局、银监会、煤监局等部门，围绕财税金融支持、职工安置、国土、环保、质量、安全方面，研究制定并出台专项配套政策文件。地方煤炭生产大省也陆续出台相关去产能意见及政策。

2016年国家先后出台了有关煤电行业淘汰落后产能、促进煤电有序发展、建立煤电规划建设风险预警机制等一系列政策。对供电煤耗和污染物排放等指标设定了落后产能的淘汰标准，预计“十三五”期间将淘汰落后产能2000万千瓦。严控煤电总量规模，对于电力盈余省份以及大气污染防治重点区域，原则上不再安排新增煤电规模减少项目；电力冗余省份对现有纳入规划及核准（在建）煤电项目采取“取消一批、缓核一批、缓建一批”等措施，适当放缓煤电项目建设进度。发布煤电风险预警指标，用于指导各省区市煤电规划建设，发布了2019年煤电规划建设风险预警，显示全国除安徽、江西、海南省为绿色，湖北为橙色，其他省份均为红色预警。

《关于进口原油使用管理有关问题的通知》进一步放开进口原油使用权，原则是坚持企业自愿，发挥市场在资源配置中的决定性作用，引导企业自主淘汰落后、兼并重组或建设天然气调峰储气设施。新增用油企业用油数量依据淘汰自有或兼并重组的落后装置能力、建设储气设施规模的一定比例确定，但上限不超过本企业符合条件的常减压装置设计加工能力总和。地炼企业集中的山东也出台了配套政策，在其制定的本省具体化解实施意见中明确要求，认真执行国家制定修订的炼油产业政策，坚决防止低水平重复建设，合理控制产能规模。各级、各部门不得以任何名义和方式备案新增炼油产能项目，相关部门和机构不得办理土地供应、能评、环评审批和新增授信支持等相关业务。

（二）良好效果初显

以上去产能政策的实施取得了较好的效果。各省对煤炭去产能政策积极响应，各省上报的削减目标大于全国目标。2016 年以来，在一系列去产能综合措施显效之下，煤炭价格小幅回升，部分煤企扭亏。虽然上半年煤炭需求减少了 9700 万吨，下降 5.1%，但煤炭产量降幅更大，同比减少了 1.7 亿吨，下降 9.7%。受此影响，目前动力煤均价达到每吨 420 元，比年初上涨了 50 元，涨幅达到 14%，部分煤炭企业开始扭亏。

随着煤电行业产能过剩已经成为业内共识，在国家政策的引导和规范下。“三个一批”举措短期效果显现，2016 年 6—8 月平均新增火电规模明显比1—5月减少，使得 1—8 月新增火电规模比上年同期减少 207 万千瓦；火电项目投资降温，1—8 月火电完成投资 552 亿元，同比下降 12%。控制火电增长取得一定成效，而且越来越多的发电企业已经意识到发展煤电的困境，不再将煤电项目作为首选投资领域，自主选择停建缓建煤电项目。

炼油落后产能加速淘汰，促进了油品质量升级。发改运行〔2015〕253 号文通过顶层制度设计，将政策红利释放与化解落后产能挂钩，这是石化行业供给侧结构性改革的重大尝试，少数中央企业、地方炼油企业落后产能淘汰推进工作成效显著。2015年，通过淘汰落后炼油产能装置申请进口原油指标的炼油企业共有14家，淘汰炼油一次加工装置55套、合计炼油产能4092万吨/年。其中，中央企业淘汰350万吨，占比为8.6%；地方炼油企业淘汰3742万吨，占比为91.4%。

地方炼油企业纷纷加快推进油品质量升级，加速了全行业油品质量升级进程。以山东地炼为例，2015年底山东省获得双权的地炼企业全部完成了质量升级，满足国Ⅴ标准，装置升级换代的速度比部分央企所属炼厂还快。山东省地炼企业供应两大集团的成品油，在国标质量基础上增加近13项控制指标。

（三）存在的问题

尽管取得了一定的良好效果，但在政策执行过程中，也发现精准性、托底作用不够，存在“一刀切”等问题。煤炭去产能政策存在的问题主要表现为“276个工作日‘一刀切’”、奖补政策引导出现错位、职工安置保障政策没有细化。煤电和炼油的问题则分别是规划不科学、地炼整合难度大。

1. 276个工作日“一刀切”

一是不利于煤矿企业组织生产，二是不利于煤矿职工休假，三是可能造成局时局地供需不平衡问题，四是造成先进高效矿井产出不足，五是增加了安全生产成本。

2. 奖补政策使一些应被淘汰的煤矿恢复或维持生产

通过奖补政策使一些应被淘汰的煤矿恢复或维持生产，以期获取大量的国家奖补政策资金。国发〔2016〕7号文出台之前，由于煤炭价格的大幅下跌，部分非机械化开采的小煤矿经济竞争力较差，被迫关停不再生产，如三西地区部分小于60万吨/年、西南地区部分小于9万吨/年的非机械化开采的煤矿，部分已经被市场自动淘汰。但7号文出台之后，这些煤矿又重新开始生产，即便贴本也维持小规模生产。

3. 职工安置标准存在模糊

人力资源和社会保障部等七部委出台的有关“职工安置工作”配套文件中，对于多渠道分流安置职工用“一定的稳岗补贴”“一定的生活费补助”等表述，同时用“对安置任务重的地区给予重点支持和倾斜”表述，这些表述标准过于模糊，在实施过程中部委、地方政府和企业自由裁量度过宽，难免出现不公平现象。

4. 电源建设仍在稳步推进，现有政策不足以化解产能过剩，煤电项目在建规模大

截至2016年6月，全国现有纳入规划及核准（在建）煤电项目约3.45亿千瓦，其中核准在建约1.97亿千瓦，即便缓核缓建煤电项目，“十三五”期间新增煤电装机规模也至少达2亿千瓦。

新增可再生能源发电规模大。发展可再生能源成为大家共识，预计“十三五”期间水电、风电和太阳能发电装机规模合计至少增加2.1亿千瓦，新增可再生能源发电装机占新增总发电装机的比例将超过2/3。在电力过剩的大背景下，如不顾及电力需求增长的需要，一味加快推进可再生能源发电，也会加重电力过剩矛盾。

跨区特高压输电加快推进。目前已核准在建特高压项目12项，大部分将在2017年和2018年建设投产。一方面，我国东中部地区大部分省份电力供大于需，大规模的特高压输电项目投产会加剧受端省份

电力过剩矛盾；另一方面，送端省份需要建设特高压输电配套电源项目，推进西部地区大型煤电基地开发，势必加大新增煤电规模。在电力需求市场低迷形势下，如不严控新增电源项目，电力过剩形势将更加严峻。

5. 煤电规划建设风险预警指标不够科学

出台的政策文件之间存在矛盾，如安徽、云南被列入缓核或缓建省，但煤电装机充裕度风险预警为绿色信号；湖南未在三个一批省区，但是煤电装机充裕度风险预警为红色信号。评价过剩的标准单一。

随着可再生电源达到一定规模和比例后，煤电机组是否过剩、是否发展不应该仅以发电利用小时数和备用率简单判断，某些煤电机组需要参与系统深度调峰，承担备用和系统灵活性等辅助服务。政策缺乏系统配套，煤电基地规划缺乏衔接。政策提出要按需推进煤电基地建设，结合电力供需形势，在“十三五”电力发展规划中适时启动新增煤电基地的规划建设，表明国家仍将继续推进煤电基地建设，但是我国煤电基地均已显示为缓建和红色预警。

6. 地炼产业集中度低，产业链不完整，进一步整合难度较大

地方炼油企业中未升级的小型炼厂数量依然较多，普遍规模小、工艺落后，后续去产能难度大。

四、化解过剩产能的重点举措

化解传统能源领域产能过剩的总体思路是“坚持市场倒逼、企业主体，地方组织、中央支持，综合施策、标本兼治，因地制宜、分类

处置，将积极稳妥化解过剩产能与结构调整、转型升级相结合”；基本原则是“市场倒逼与政府支持相结合、化解产能与转型升级相结合、整体推进与重点突破相结合”；主要任务为“严格控制新增产能、加快淘汰落后产能和其他不符合产业政策的产能、有序退出过剩产能、推进企业改革重组、促进行业调整转型”；同时强调“加强奖补支持、做好职工安置、加大金融支持、盘活土地资源、鼓励技术改造”等保障措施。

（一）短期优化煤炭去产能“276 个工作日”，“十三五”推进市场化调控

1. 严格落实煤炭去产能政策，短期内坚持并优化“276 个工作日”政策

严格落实“国发〔2016〕7 号”文与 8 个专项配套政策，进一步优化落地难的政策规定。严格治理违法违规建设，未经核准的 8 亿吨违规产能一律停产、关闭，对达不到国家规定要求的煤矿一律停产并限期整改，整改后达不到要求的限期退出；严格控制新增产能，已停产 3 亿吨煤矿产能不能再行生产，对于确需要新建的煤矿，一律实行减量置换。针对目前已出台政策中突出存在的“一刀切”、扶持力度较弱等问题，进一步明确制定过剩产能具体标准，分类管理、有保有压；进一步细化专项奖补资金的管理与使用，出台相应的细则，并确保资金及时到位，使“去产能”能够有序、有效推进。

短期内坚持并优化“276 个工作日”政策，严格控制超能力生产。对于 276 个工作日确定产能、法定节假日和周日不安排生产的规定，

建议仍然对全年作业时间实行一定限制以实现产能减量化，但允许地方根据实际情况进行适度调整；允许企业根据生产经营实际情况，在不突破作业工作日约束的前提下，自由安排生产计划，不强制要求节假日和周日不安排生产。近两年，通过严格落实煤炭去产能政策实现关闭违规及停产煤矿产能 11 亿吨，通过优化“276 个工作日”制度实现减量重组产能 5 亿吨，全国煤炭产能控制在 39 亿 ~ 41 亿吨，促进市场基本达到供需平衡。

2.“十三五”着力推进产业政策与市场机制相结合调控产能方式

“十三五”期间，要逐步退出类似“276 个工作日”等行政性指令政策，更多采用产业政策与市场机制相结合的调控方式。“276 个工作日”等政策短期效果直接而迅速，但是行政直接干预往往容易带来扭曲与无效率，干扰经济产业运行的自然秩序，为长期经济发展埋下隐患。应视市场供需平衡、煤矿工人保障情况、行业转型发展程度等，逐步退出“276 个工作日”等相关行政政策，如可让先进产能优先增至 300 个或 330 个工作日，优先释放先进产能煤矿，给市场机制发挥作用留出空间。

应将行政性指令政策转为更市场化的调控方式，包括：提高行业标准，根据煤矿资源特点、安全生产情况、装备先进程度、矿井规模、区位条件等，严格制定先进产能标准，坚决关停不达标企业，配套建立健全设备注册制度、产能及利用率调查制度，完善产能监测体系；将淘汰落后产能与增加新产能捆绑，实行产能置换方案；打破刚性兑付，破除“大而不倒”预期，完善破产清算制度，健全市场退出机制；政府提供直接或间接补偿，鼓励企业去产能行为，鼓励企业兼并重组，其方式可包括融资支持（对主动退出的企业提供中转融资）、税收优惠（主动处理过剩设备的企业采取特别折旧制度）、专项基金（建立煤炭产业转型信用基金）等。

（二）分类优化利用煤电产能存量，加强国家电力规划引导

1. 分类优化利用煤电产能存量，从严落实煤电产能控制政策

针对现有化解煤电产能过剩相关政策在落实实施中可能遇到的问题，注重系统性思维、全局成本效益最优原则，突出质量效益导向，采取多种综合措施，优化利用好现有煤电装机容量，及时抑制不合理新增产能，进一步淘汰落后产能，有效化解过剩局面，避免企业间恶性竞争，减少资源浪费和社会成本的提高，促进煤电行业良性发展。

（1）充分利用好已有发电机组

充分利用好符合节能、环保、安全等标准的已有煤电机组，避免无效投资和系统性浪费。对于已有煤电机组，从系统最优角度出发，研究和采取有效的市场机制手段，一方面要促进能效高的煤电机组充分发挥其发电成本优势，努力降低社会用电成本；另一方面对能效相对低的煤电机组，充分发挥煤电机组发电容量，挖掘其调峰潜力，加强煤电机组备用、调峰能力建设，实现向电力型机组转变，保障电力系统安全、灵活性，促进可再生能源发展。

（2）严格控制煤电新增规模

取消全部不具备核准条件的煤电项目，不搞例外。谨防政策限制范围外的缓核缓建省份、西部煤电基地西电东送配套煤电项目、满足

民生热电项目，以各种目的不顾及市场供需状况抢占煤电市场仅存的一点空间，强化通过跨省区资源配置方式来满足资源不足地区电力需求增量。加强顶层能力建设，建议主管部门在科学规划、系统评估的基础上，综合地方经济发展、跨区资源配置、可再生能源发展，制定出煤电调控目标。

国家主管部门根据电力供需变化趋势定期发布分省煤电规划建设风险预警提示，为国土、环保、水利、银行等金融机构提供决策依据。发电企业要遵循效益优先、量力而行原则，严格执行决策程序，严格执行投资管理制度，严肃投资纪律，加强投资计划、资金和工程控制，严格签字背书，强化责任追究，坚决杜绝项目抢跑和超计划投资。进一步加大前期工作力度和深度，做实做细可研、风险评估、比选评优等论证工作，提高项目成熟度。

（3）加快淘汰煤电行业落后产能

适当提高煤电淘汰标准，进一步加大落后产能淘汰力度。严格落实执行国家制定的节能、环保、安全等标准，加大节能、环保等督查力度，确保能耗高、污染重、安全性差、服役年限长的煤电落后产能有效退出，大力压缩过剩产能。停止对老旧机组进行大幅投资改造，直接关停不符合节能、环保标准的相应机组。加强对企业供热改造条件的评估和监督，防止企业在不具备供热改造条件下以供热名义继续保留机组。发挥市场机制作用，促进不符合市场要求的煤电机组及时出清。

（4）稳步推进非化石能源发电发展

加快绿色化转型，逐步提高可再生能源发电比重是大势所趋，但不能不顾及电力市场需求、电力系统技术消纳能力、经济社会的承受能力等因素，一味追求可再生能源发电规模造成对已有发电装机的闲置和浪费。要结合未来电力需求增长情况，在充分利用好现有高效化石能源发电机组的基础上，以获得全系统较低的发电成本、上网电价和全社会电价水平为目标，提出非化石能源发电发展目标，稳步推进非化石能源发电发展，真正做到经济高效、安全发展绿色电能。

（5）发挥市场机制作用，尽量减少行政干预

让市场发挥更大的配置资源的作用，减少行政干预，让企业在尽可能少的外部扰动的环境下，进行自发、可持续地规划和发展。积极推进电力市场建设，促进发用电有序放开，推进电价改革，理顺电价形成机制。要坚决推动电力市场化改革，通过电力交易中心建设，传递价格信号，引导企业投资行为。

2. 加强国家电力规划引导约束作用

（1）进一步加强国家电力等发展规划的统筹性和权威性

避免发生简政放权后地方电力项目发展无序现象。电力发展规划的制定需要科学决策体系的支撑，具有权威性、独立性和公正性，要站在国家角度、与长期发展方向一致，制定过程中要避免受到垄断企业和大利益集团的影响。电力规划制定是个复杂的系统工程，需要权威、独立、客观、公正的规划研究机构主导，同时需要充分发挥行业协会、电网企业、大型发电企业以及科研设计院所等规划研究力量，充分吸取专家、学者和社会公众意见。

（2）国家要加强对重大能源项目（如核电、大水电、西部能源基地等）的研究和决策

国家对于重大能源项目的发展要有明确的发展思路和目标，明确

重大能源项目的发展与否，可有效避免地方等能源项目重复和无序发展。发展规划需要细化发展目标和实施细则，加强国家层面的发展规划对地方的指导作用，加强规划管理工作。

(3) 建立规划实施检查、监督、评估、考核工作机制，保障电力规划的有效执行

加强投资预算约束，规范投资行为。规范地方及国企投资行为、地方政府直接参与项目决策机制。加强对地方政府非市场化行为的监控、纠正，规范地方政府及国有企业投资行为。审慎对待地方政府利用低地价、低环保标准、税费减免等方式扭曲资源要素价格。积极推动地方政府职能由直接干预经济向创造公平的市场环境为主转变。规范电力行业的行政审批。转变政府职能，简政放权，有效落实规划，明确审核条件和标准，规范简化审批程序，完善市场规划，保障电力发展战略、政策和标准有效落实。

(三) 以“限制淘汰、整合升级、走出去竞争”方式从快推进炼油去产能

1. 抓住油品质量升级契机，限制新增、淘汰落后，整合做大、升级做强

(1) 改革成品油税制，限制非法炼油产能增长，制订炼油落后产能标准，强制淘汰

加快推进成品油税制改革，压缩非法炼厂利润空间，限制产能无序迅猛增长。成品油消费税征收环节后移至终端消费环节，由中央税改为中央与地方共享税，先行试点改革汽油消费税制并积累经

验；加强税收征管制度与能力建设，加强税收监管与税收评价，以“互联网+”等技术手段有效治理税收流失。

以推进油品质量升级为契机，强化环保、安全、质量要求，制定炼油行业落后产能淘汰标准。加强监督检查，对超标企业严禁启动生产，依法淘汰产品质量低劣、能耗高、资源利用不合理、安全隐患较大以及环保不能达标的炼油装置。完善成品油及可调油化工品质量标准体系和质量管控体系，建立产品可追溯管理制度，严格按照国家油品质量标准不定期对炼油企业进行检查，杜绝非标油品流入市场，对已流入市场的非标油品进行追溯和罚款，严重者实行淘汰。

（2）鼓励并扶持大型炼化基地建设，引导产业链向高端升级

严格控制新布点炼油项目建设，新增加的炼油能力尽可能通过原有炼油企业的技术改造实现，打造大型炼化基地。坚持新建炼油厂或新增原油一次加工能力的改扩建均需国家部门审核批准。禁止各级地方政府分拆审批、备案新建单套炼油装置建设项目。

对于重点地区产能建设实行监察、问责制度，对于不符合政策要求的项目予以停工、停贷等行政、金融措施。与此同时，引导炼油结构调整，实现产业升级。按照“油头化尾”思路引导产业升级，延伸原油生产链条，提高产品附加值。可鼓励部分炼油企业由生产油品调整为生产化工原料，或转型为其他下游加工业，支持、引导炼油企业向深加工、清洁化、精细化方向发展。

2. 预防“大进大出，两头在外”发展模式，支持企业技术、资金“走出去”

面对亚太地区成品油出口市场被挤压的预期，中国炼油工业的发

展不宜走“大进大出，两头在外”的发展模式，成品油出口政策不宜放松。坚持原油加工主要是满足中国交通运输和化工发展需求的原则，少量进出口调节市场与需求结构的差异。

支持企业技术、资金“走出去”。“一带一路”沿线有些国家的炼油业水平较低，几近空白，且需要进口成品油；中亚地区炼化工业基础薄弱，规模不大；俄罗斯炼油规模虽然较大，但设备、技术较为陈旧，亟须升级换代；中东地区为发展多元化经济，正继续发展炼油能力，需要国际先进技术支持。我国炼油工业已形成了从科研、设计、工程建造到生产炼制、储运销的完整体系，已具备较强实力，能够在“一带一路”原油加工带建设中发挥较大作用。

五、体制机制改革建议

（一）转变发展方式，从投资依赖转向创新驱动

一是改变经济发展对投资的过度依赖，不断提高投资质量和效益。适应需求结构升级要求，积极推进过剩行业结构调整升级和落后产能淘汰。二是加快提升产能过剩行业的创新能力。三是改变对外贸易和投资结构，推动出口从以低端产品为主向以高端产品为主转变，从出口导向为主向对外投资转变。

（二）加强政府职能部门监管力度，完善以经济和法律手段为主的产能管理制度

强化中央政府战略规划和行业标准等方面的管理职能，产能管理

由主要运用行政手段过渡到以经济和法律手段为主，从节约能源资源、强化环境保护、社会公共利益等角度出发，科学运用统一公平的资源利用、能耗、环保、安全、质量等监管手段进行产能管理。审慎地运用技术、设备、规模等管理手段，在符合行业准入监管标准的前提下，尽量让企业主体根据自身条件和市场竞争环境，更加自主地选择适用的技术、装备及企业规模。

加强环保机构监管的权威性和有效性。将土地管理与产能管理有机结合。规范审批程序，抑制产能过剩行业投资项目的实施。严格控制查处违规违法企业，保证尽量多的企业和项目处于合法、规范的体系中。

（三）进一步完善财政税收分权体制，确保中央宏观政策贯彻落实

进一步改革财税分权制度，更好地理顺地方政府与中央的利益分配关系，明晰中央和地方事权的责任划分，保证中央宏观经济政策的贯彻执行。完善中央税和地方税体系，加快推进生产型增值税向消费型增值税改革，降低地方政府为扩大税收而过度刺激投资的积极性。建立弹性转移支付制度，对经济增长速度较慢，但追求社会经济平衡发展、促进技术创新、注重环境保护、生态平衡和关注民生的地方政府，加大转移支付的力度。

（四）完善政绩考核体系，规范地方政府投资行为

理顺政绩考核评价体系，在考核体系中适当降低经济建设方面的权重，按照科学发展观拟定地方政府官员的评价体系。规范地方政府

投资行为，降低地方政府直接参与项目决策的激励。加强对地方政府非市场化行为的监控、纠正，规范地方政府的招商引资和投资管理方式，严格控制土地开发总量，加强“招拍挂”政策的执行监督力度，增加土地供给的透明度；禁止地方政府用低地价、低环保标准、税收减免等方式扭曲资源要素价格，用不符合国民待遇原则的政策吸引投资。积极推动地方政府职能由直接干预和参与经济发展向以创造公平的市场竞争环境为主转变。

（五）完善投资体制，形成市场导向机制

深化投资体制改革，形成市场导向的投资决策机制。减少政府对投资行为的过度干预，充分发挥市场配置的决定性作用是解决产能过剩体制性影响的重要举措。塑造公平竞争的投资体制，确保不同所有制企业间公平竞争的投资环境。放松垄断行业的管制与市场准入限制，放宽民间资本进入限制，有进有退地调整国有资本的行业布局和结构。

（六）深化国有企业改革，强化企业市场意识和科学投资

继续深化国有企业改革，积极引导企业建立现代企业制度，加快提高国有企业的市场竞争意识、风险意识，规范其投资行为科学高效。在国有资本垄断的行业加快推进政企分开、政资分开，推进国有股市场机制改革。

在改革过程中，要引导企业依靠自身的实际情况做决策，使企业能够成为自主决策、自主投资、自我约束、自担风险的真正的市场主体，逐步消除负外部性对投资行为的影响。具体措施包括：减少政府特别是地方政府对市场的直接干预，创造公平、合理的投资环境，充

分发挥市场配置资源的基础性作用，依靠市场自身的竞争力推动产业结构的调整，促进经济可持续发展等。通过这些改革措施来降低体制性因素对经济发展的影响程度，以达到缓解部分行业产能过剩状况的目的。

（七）加快资源要素市场化改革进程，反映真实价格与成本

重点推进资源类产品价格改革，健全反映市场供求关系、资源稀缺程度的价格形成机制。理顺土地、矿产、水等资源的价格关系，建立和完善生态环保补偿责任机制，使本应由企业承担、以前却由政府和社会承担的那部分成本，真正被计入企业的投资和经营成本中；继续加快能源产品市场化改革进程，加快推进资源税、电力和天然气价格改革进程，减少能源价格补贴。

（八）构建有利于市场发挥作用的产业进入与退出机制

产业政策要有明确的进入和退出机制，有利于市场发挥主导作用，进入要有门槛，退出要由市场。规范企业破产关闭和落后产能淘汰的程序，着力深化社会保障机制等方面改革，建立落后产能退出市场机制。

企业退出应以市场机制为主导，当产能过剩或潜在过剩问题严重时，企业是否退出应由它对市场的判断决定，尽可能减少政府干预。首先，提供相关服务，引导企业依市场机制退出或转产，以充分发挥市场的选择作用。其次，即使需要直接淘汰产能时，也应以是否合法合规、是否满足环保能耗标准等为前提，而不宜以企业大小作为淘汰的决定因素，更不应草率地以调控政策代替市场直接进行资源配置或

关闭某些企业。进一步地，如果有进行政策引导产能淘汰和推进兼并重组的必要时，应当以严格合理地控制新建、在建产能为前提，并保障市场退出机制，否则这些政策本身将可能成为企业进行产能竞赛的诱因，致使在产能业已过剩的情况下发生更大规模的过剩。

（九）建立有利于企业投资决策的行业信息统计发布制度

加强产能信息统计工作，及时发布相关信息，跟踪行业供需形势变化，预警行业产能过剩风险。按照月度、年度公布行业产能利用数据，定期统计和发布我国各行业产能规范、产能利用率水平等相关数据，帮助企业进行投资决策和引导信贷投向。定期向企业和社会发布行业生产、技术、市场和国际经济、政策动向等信息。

（十）推进收入分配体制改革，健全金融信贷体系

增加居民尤其是中低收入阶层居民的实际收入，健全社会保障体系，提高对中低收入阶层的社会保障水平。继续扩大政府公共服务方面的消费支出，降低国民储蓄率。

健全金融信贷体系，适时调节信贷投资，加强银行信贷执行产业准入标准的科学性、规范性。同时也可借鉴西方金融机构的成功经验，采用灵活的贷款定价机制，抑制产能过剩行业投资项目的实施。

参考文献

[1] 林毅夫，巫和懋，邢亦青．“潮涌现象”与产能过剩的形成机制［J］．经济研究，2010（10）：4－19.

［2］帅晓姗．产能过剩的深层诱因［J］．中国金融家，2006（7）：51－52．

［3］周劲，付保宗．工业领域产能过剩形成机制及对策建议［J］．宏观经济管理，2011（10）：33－35．

［4］王立国，张日旭．财政分权背景下的产能过剩问题研究——基于钢铁行业的实证分析［J］．财经问题研究，2010（12）：30－35．

［5］李静，杨海生．产能过剩的微观形成机制及其治理［J］．中山大学学报（社会科学版），2011，51（2）：192－200．

［6］柯晓明．“十三五”时期中国炼油工业发展环境和发展思路探讨［J］．国际石油经济，2015（5）：7－13，109．

［7］中国石化联合会．化解产能过剩矛盾专题研究报告之一：我国炼油行业现状及发展建议［J］．中国石油和化工经济分析，2014（1）：33－37．

［8］金云，朱和．炼油工业由大做强的关键［J］．中国石油石化，2015（12）：51－53．

［9］金云，朱和．调整结构，化解过剩，提质增效任重道远——2015年中国炼油行业回顾与“十三五”展望［J］．国际石油经济，2016（5）：37－43．

［10］国务院．国务院关于煤炭行业化解过剩产能实现脱困发展的意见（国发〔2016〕7号）［Z］．2016－02－01．

［11］国土资源部．国土资源部关于支持钢铁煤炭行业化解过剩产能实现脱困发展的意见（国土资规〔2016〕3号）［Z］．2016－03－30．

［12］国家安全监管总局，国家煤矿安监局．关于支持钢铁煤炭行

业化解过剩产能实现脱困发展的意见（安监管四〔2016〕38 号）［Z］. 2016－04－15.

［13］人力资源和社会保障部等七部门. 关于在化解钢铁煤炭行业过剩产能实现脱困发展过程中做好职工安置工作的意见（人社部发〔2016〕32 号）［Z］. 2016－04－17.

［14］中国人民银行，银监会，证监会，保监会. 关于支持钢铁煤炭行业化解产能实现脱困发展的意见（银发〔2016〕118 号）［Z］. 2016－04－18.

［15］国家发展改革委，能源局. 关于印发《能源技术革命创新行动计划（2016—2030 年）》的通知（发改能源〔2016〕513 号）［Z］. 2016－04－07.

［16］国家发展改革委，能源局. 关于进一步做好煤电行业淘汰落后产能工作的通知（发改能源〔2016〕855 号）［Z］. 2016－04－18.

［17］山西省委，山西省人民政府. 山西省煤炭供给侧结构性改革实施意见［Z］. 2016－04－25.

第四章
Chapter Four

增加绿色低碳能源有效供给的体制机制

一、增加绿色低碳能源是能源供给侧结构性改革的重要途径

"四个革命和一个合作"的能源发展战略部署、建设清洁低碳安全高效的现代能源体系要求和"创新、协调、绿色、开放、共享"的发展理念，是对未来五年乃至更长时期能源发展提出的更高标准，是新时期指导能源发展的最高指导思想。增加绿色低碳能源有效供给的核心目标在于以"供"应"需"，通过增加绿色低碳能源有效供给满足能源消费的升级需求和新兴需求；以增加绿色低碳能源有效供给促进传统能源过剩产能的退出作为能源供给侧改革的重要措施；并最终在能源供给侧形成新主体、新动力和新产业，实现经济的可持续发展。

（一）建设现代能源体系的核心内容

《中共中央关于制定国民经济和社会发展第十三个五年规划的建议》明确提出建设清洁低碳、安全高效的现代能源体系，尤其是要将"发展可再生能源和清洁能源作为解决中国能源问题的主攻方向"。建立现代能源体系需要提高绿色低碳能源的有效供给。一是以增加绿色低碳能源有效供给为抓手，加速替代高污染、低效率的传统高碳化石

能源，推动能源结构优化升级。二是以增加绿色低碳能源有效供给为目标，统筹推进煤电油气多种能源输送方式发展，加强能源储备和调峰设施建设，加快构建现代能源储运网络。三是以增加绿色低碳能源有效供给为驱动，加快推进能源全领域、全环节智慧化发展，建设“源—网—荷—储”协调发展、集成互补的能源互联网。

（二）满足能源消费升级需求及新型需求

能源供给侧改革的核心措施就是对能源升级需求和新兴需求的培育和引导。需加大对服务品质消费、绿色节能消费等的培育，促使能源用户产生更多的服务、信息、节能、品质的要求。通过满足升级和新型能源需求，以消费升级引领产业升级，以技术创新和商业模式创新实现电能替代和清洁替代，逐步加大绿色低碳能源消费比例，提高能源利用效率，控制能源消费总量，实现能源供给结构的调整和发展模式的变革。

（三）引导资源和生产要素从过剩产能退出

引导社会资源和生产要素流入绿色低碳能源供给领域，引导新供给创造新需求，才能真正实现去产能。只有合理引导要素资源从供给成熟的传统能源，向绿色低碳供给形成、供给扩张阶段转移，引导新供给，创造新需求，形成新动力，才能真正推动传统能源去产能，并顺利完成能源结构转型。

（四）支撑社会经济可持续发展的新动能

在绿色低碳能源发展中加快能源技术和产品创新，对经济增长起到加速增效效应；实现新模式、新组织、新业态的创新，打破传统能源行业发展模式，通过分散化、专业化、智能化的绿色低碳能源发展方式促使要素资源最大化利用，挖掘能源行业增长潜力；实现新制度的创新，对能源领域进行全面深化改革；对行政体制、财税、金融、价格、市场环境等进行一揽子改革，将改革作为经济发展的动力，增加绿色低碳能源有效供给的数量和质量，提升经济发展的弹性和可持续性。

二、现阶段绿色低碳能源有效供给不足的表现

为推动能源转型发展，“十二五”时期，国家采取了一系列政策措施，推动可再生能源和天然气等绿色低碳能源发展。但是，绿色低碳能源在能源消费结构中的比例仍较低，无效供给过多而有效供给不足，主要表现为绝对供给能力较弱、系统灵活调节能力低、通道输送环节不畅、绿色低碳能源产业发展与世界先进水平相比仍有差距等四个方面。

（一）绝对供给能力较弱，尚不具备成为支柱能源的条件

我国能源供应长期以高碳的化石能源为主，尤其是煤炭在我国一次能源生产总量中的比重长期保持在70%以上。与高碳能源现存的大量甚至过剩的生产能力相比，绿色低碳能源发展起步较晚。国内天然气资源虽然发现较早，但是产能建设严重滞后，直到2011年产量才突破1000亿立方米。可再生能源至2006年《可再生能源法》实施后才真正进入大规模商业化开发阶段。

虽然近十年来绿色低碳能源发展速度较快，但是由于基数小，其

绝对供给能力仍然较弱，不能满足规模性替代高碳能源的客观需求，尚不具备成为支柱能源的生产条件。2015 年我国常规天然气（1500 亿立方米）、页岩气（90 亿立方米）、煤层气（65 亿立方米）和煤制气（26 亿立方米）等国内生产能力总计仅为 1681 亿立方米，不足美国当年产量的 1/4。而 2015 年水电（3.2 亿千瓦）、并网风电（1.29 亿千瓦）和并网光伏发电（4318 万千瓦）总计占全国发电装机容量的 32.6%，不到 1/3。2015 年可再生能源发电和生物液体燃料等商品化可再生能源利用总量为 4.4 亿吨标准煤，只占全国一次能源消费总量的 10.2%。受制于产能规模较小和利用率低，即使按计划完成“十三五”期间可再生能源发展目标，预计 2020 年风电、太阳能发电量也仅占全国发电量的 8%，而实现天然气消费占一次能源消费总量 10% 的目标更是困难重重。

（二）系统灵活调节能力低，用能高峰时供给能力严重不足

绿色低碳能源供应系统的调节能力不高，造成在用能高峰时供给能力严重不足，难以满足终端用户的负荷要求，突出表现在以下两方面：

一方面，在冬季北方供暖期天然气供应十分紧张，“气荒”问题屡次发生。2004—2005 年冬天、2009—2010 年冬天都曾出现过全国大面积的天然气供应短缺，而且短缺的范围和严重程度不断加大，暴露出天然气供应系统调峰能力差、不能满足季节性用气高峰的问题。

另一方面，电力系统缺乏调节能力，不能适应波动性的电力需求。表现在以下三方面：一是灵活调节电源偏少。全国火电占比达 67%，“三北”地区达 73%。抽水蓄能、燃气发电等调节电源比重仅 5%，

“三北”地区不足3%，与欧美国家存在较大差距。其中，东北地区抽水蓄能比重只有1.3%，华北地区虽然有大量燃气电站，但均为热电联产机组，基本不参与调峰，抽水蓄能比重仅1.9%。二是供热机组调峰能力不足。机组供热期调峰能力通常不及常规火电的一半。目前“三北”地区火电机组中供热机组比例超过56%。东北地区近年来新投产火电大部分为供热机组，且有部分常规机组转为供热机组。冬季实际运行的火电机组中供热机组比重高达80%，造成冬季供热机组最小允许出力已高于最小负荷，负荷低谷时段被迫大量弃风。三是自备电厂不参与调峰。尤其是新疆等地自备电厂占比较高，但都不参与调峰。

（三）通道输送环节不畅，生产和进口能力难以得到充分利用

绿色低碳能源的通道输送环节不通畅，生产和进口能力难以得到有效利用，导致部分潜在的供给能力不能充分发挥作用。天然气管道和LNG接收站等基础设施利用率较低，有些设施宁可闲置也不接收来自其他经营者的进口天然气，存在“晒太阳”现象，使得天然气进口能力难以有效释放，不利于充分利用“两种资源、两个市场”，限制了我国天然气供应规模的提升和供应成本的下降。

可再生能源发展中弃风、弃光、弃水现象严峻。“十二五”期间，全国弃风电量达到970亿千瓦时。仅2015年，全国总弃风电量就达到了328亿千瓦时，同比增加120%，全国风电平均弃风率达15%，同比上升7个百分点（见图4－1）。2015年，全国弃光电量46.6亿千瓦时，弃光率11%。弃光集中在甘肃、新疆、宁夏和青海四个省区，全年平均弃光率分别为31%、26%、7%和3%（见图4－2）。2015年全

年弃水电量约200亿千瓦时，主要集中在四川和云南两省。

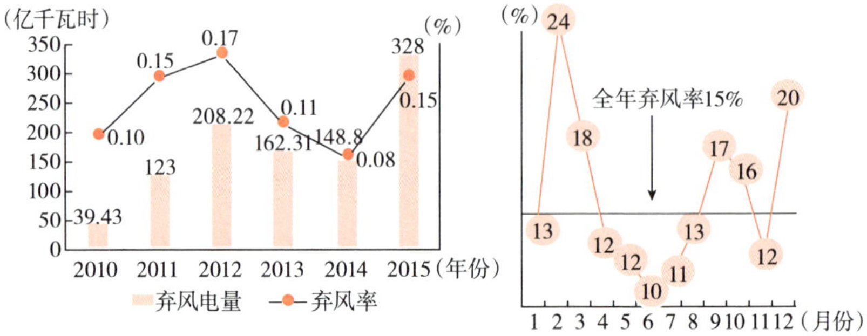

图4－1　“十二五”时期及2015年全年弃风情况

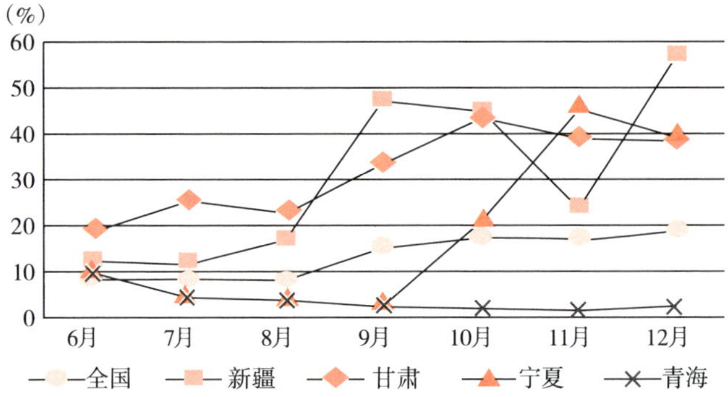

图4－2　2015年全国及主要省区弃光情况

（四）绿色低碳能源产业发展与世界先进水平相比仍有差距，可持续供给能力不足

绿色低碳能源产业与世界先进水平相比仍有差距，存在较多薄弱环节，可持续发展面临挑战。我国天然气勘探开发仍处在发展初期，其产业发展水平与世界天然气生产大国相比仍有较大差距。天然气勘探投入严重不足，资源探明率仅18%，大量潜在的国内资源仍未被发

现和利用。受资源禀赋特点、技术装备水平等限制，国产天然气开发成本较高，常规天然气生产成本高达美国非常规天然气成本的 2 倍多，页岩气、煤层气等非常规天然气成本更高，在没有政府补贴的情况下难以实现经济性开发，其竞争力甚至不及远道而来的进口天然气。

可再生能源高质量产能供应能力有限。风电及光伏产业链中均存在各环节发展不协调、不平衡的问题。在技术上，我国仍落后于世界最先进水平；在关键工艺、设备和原材料供应方面，仍严重依赖进口，受制于国外技术壁垒，大型风电机组的轴承、太阳能电池的核心生产装备等自主化生产水平较低。从产业长远发展来看，产业体系薄弱仍是困扰行业发展的重要难题。

三、现阶段绿色低碳能源有效供给不足的原因分析

（一）绿色低碳能源发展定位不清

对绿色低碳能源在未来能源结构中的定位认识不清、共识不足，造成可再生能源和天然气发展的战略取向不明确、规划不到位、配套产业政策不完善，表现在以下四方面：

一是现行的能源规划和电力规划缺乏能源转型的战略思维，绿色低碳能源替代还没有成为指导规划编制和引导电力行业发展的核心思想。

二是法律执行缺乏保障机制，可再生能源全额保障性收购没有具体办法措施，行业管理层面缺乏可再生能源替代化石能源的产业政策和考核机制。

三是地方政府受利益驱动，仍积极推动化石高碳能源开发，能源结构调整力度有待加强，大量火电机组以供热名义上马，严重影响了电力系统调峰能力和可再生能源的并网运行。

四是对天然气在未来能源结构中的定位认识不清、不统一，造成天然气发展战略取向不明确。对天然气是过渡能源还是主力能源存在争议，造成天然气发展路径选择出现偏差。例如，缺乏促进基础设施快速发展的激励机制，天然气输气配气管网建设严重滞后。2011—2014 年全国共完成天然气干线、支干线管道建设 2.3 万公里，仅达到规划目标的 52%。

（二）垄断及机制缺失造成市场运行效率低、成本高

绿色低碳能源领域市场主体单一、市场机制不完善、价格信号失灵等，造成市场运行效率偏低、成本偏高等突出问题。

天然气在上游勘探开发、中游管道输送和下游配气销售环节都存在较高程度的垄断，市场竞争受限，运行效率不高，成本居高不下。上游环节，由于实行石油天然气勘探开发专营体制，只有中石油、中石化、中海油和延长石油四家国有石油公司获准在境内从事常规天然气资源勘查开发，其他公司和国外企业不能直接参与上游业务，必须与四家企业合作，造成上游市场只有四个市场主体，形成寡头垄断格局，没有实现充分的市场竞争，导致效率和效益偏低。中游环节，跨省的主干管道主要由中石油、中石化、中海油所有，并采取上中下游一体化运营模式，管网尚未向第三方公平放开，导致基础设施利用率不足，严重阻碍了民营企业扩大补充气源的积极性。下游环节，除江苏等省外，部分省内、市内的天然气采取统购统销，也存在较高程度

的垄断，中间环节过多推高了终端用户使用成本。

为追求利润最大化，处于电力生产消费体系中间“输配”环节垄断地位的电网企业在统销统购的运行体制下，对可再生能源电力的优先接纳缺乏动力，对可再生能源的接入存在一定的抵触情绪，造成可再生能源富集地区在不同程度上存在电网“卡脖子”和跨省跨区通道能力不足问题。一方面，网源建设不同步，配套电网建设明显滞后于可再生能源建设。风电、光伏发电项目核准开工到投产只需半年至一年时间，而330千伏及以上等级电网项目核准开工到投产至少需要一到两年时间。另一方面，跨省跨区输电通道的规划建设与可再生能源发展不协调。目前已建和在建的跨省跨区输电通道未充分考虑可再生能源外送需求，仍然以输送火电等常规能源为主。电力输送通道在建设进度、输送容量、输送对象上都难以满足可再生能源电力发展需求。

（三）价格形成机制不完善削弱绿色低碳能源市场竞争力

传统化石能源价格形成机制既没有反映资源稀缺程度，也没有考虑环境保护和生态修复成本或者绿色低碳能源的外部资源环境生态效益，造成能源价格结构性失衡，可再生能源和天然气等人为“被高价”，绿色低碳能源和化石能源的价格差被不合理地拉大，而这种价格结构性失衡则进一步增大了国家发展绿色低碳能源的经济负担。

当前，国家可再生能源电价补贴资金已经存在缺口且需求不断增高。2015年，补贴资金缺口累计约450亿元。2015年12月，国家发展改革委将可再生能源电价附加征收标准上调0.004元/千瓦时至0.019元/千瓦时，预计可多征收可再生能源专项资金190亿元，但仅能弥补一部分补贴拖欠费用，无法覆盖目前累积的补贴缺口，补贴资金缺乏已对可再生能源发展形成实质性瓶颈。从天然气看，主要替代对象是煤炭，但是天然气的价格却与价格水平较高的燃料油和 LPG 挂钩，造成天然气与煤炭的比价关系严重扭曲，“劣币驱逐良币”，近年来甚至出现了煤炭对天然气的逆替代。天然气缺乏调峰价格，不能体现边际资源的市场价值。价格体系的结构性失衡，不但使得高成本的可再生能源和天然气难以对传统高碳化石能源进行有效替代，同时严重抑制了绿色低碳能源的研发和投资活动。

（四）技术创新和产业可持续发展动力不足

创新是引领发展的第一动力。在创新理念的指引下，中国经济的发展动力不断转换，绿色低碳能源行业亟须创新引领。近年来，我国绿色低碳能源利用的关键技术研发和创新方面取得了显著进展，但和世界先进水平相比仍然存在较大差距。主要表现在：一是可再生能源和非常规天然气等领域基础研究薄弱，创新性、理论性研究工作起步较晚、开展较少、水平较低，如光伏发电技术、纤维素制乙醇技术、大型燃气轮机、天然气水平井和压裂技术、钻井旋转导向技术、随钻测井技术等；二是缺乏强有力的技术研究支撑平台，难以支持基础研究和提供公共技术服务；三是缺乏清晰系统的技术发展路线和长期的发展思路，没有制定连续、滚动的研发投入计划，研发资金投入明显不足；四是缺乏鼓励多元化资本进入研发领域的机制设计；五是知识产权保护不足，难以保障科技创新者的正常回报；六是缺乏人才激励、科技奖励机制。

（五）尚未建立适应绿色低碳电力运行的市场化机制

传统能源和电力体系的基础设施、技术体系、运行规则和终端市场机制都没有因大规模的绿色低碳能源应用做出改变，制约了绿色能源融入供能体系，因而无法形成有效供应。

一是市场化机制的缺失导致火电等常规电源缺乏调峰积极性。由于缺乏完善的调峰调频等辅助服务市场机制以及容量电价政策，常规机组承担调峰、备用任务的积极性不强，不愿意采取技术手段提高调峰能力。

二是传统电力调度不利于新能源统筹平衡。各类电厂年运行小时数主要依据年发电计划确定，加之对常规电源消纳可再生能源的义务没有明确要求，火电企业和地方政府不愿意让出火电电量空间，相当程度上挤占限制了可再生能源发电的电量空间。

三是电力消纳市场和机制没有落实。水电的“丰余枯缺”特点和风电的“波动性”使得在现有电力运行机制框架下，仅靠本地运行调度优化已经不能解决市场消纳问题，需依赖更大范围市场消纳。而目前我国以省为实体进行的电力运行管理导致各地对接纳可再生能源积极性不足。

四、创新发展方式增加绿色低碳能源有效供给

（一）支持“水风光气”互补示范基地建设，探索绿色低碳能源发展新模式

利用水风光发电出力的互补特性，在西南和西北等水能资源丰富的地区，借助水电站外送通道和灵活调节能力，建设大型风电和光伏发电基地，协同推进水风光互补基地建设。重点推进四川省凉山州风

水互补基地、雅砻江水风光互补基地、金沙江水风光互补基地、云南省澜沧江流域风水互补基地、贵州省乌江和北盘江流域风水联合运行、青海海南州水风光互补基地等可再生能源基地建设。充分利用天然气发电的调峰特性，探索气电与可再生能源互补、协同发展的模式。

（二）加强区域绿色低碳能源协同发展，促进大气污染防治和可再生能源建设

贯彻落实大气污染防治计划有关要求，结合绿色奥运、京津冀一体化发展战略等，积极推进内蒙古乌兰察布、赤峰及河北张家口、承德等地区可再生能源基地建设，加强配套输电通道的规划建设，提高京津冀地区电网协同消纳新能源能力，推广普及可再生能源清洁供暖，实现清洁能源电能替代，显著提高可再生能源在京津冀地区能源消费中的比重。同时，加大京津冀区域天然气替代散煤，有效降低 PM2.5 排放。

（三）推动可再生能源供热示范工程建设，充分发挥燃煤替代效应

按照优先利用、经济高效、多能互补、综合集成的原则，开展规模化应用的可再生能源供热示范工程和天然气分布式能源示范工程。在城镇规划建设过程中，做好区域能源规划与城市发展规划的衔接，树立优先发展可再生能源的理念，将可再生能源供热作为区域能源规划的重要内容。推进建筑领域、工业领域的可再生能源供热，启动生物质替代城镇燃料工程，加快供热领域各类可再生能源对高碳化石能源的替代。统筹规划建设和改造热力供应的基础设施，优化设计供热

管网，建立可再生能源与天然气协同互补、梯级利用的综合热能供应体系。

专栏4－1　可再生能源供热

太阳能供热

在继续推广太阳能建筑一体化基础上，加快各类中高温太阳能技术在工业领域应用，满足热水、取暖、蒸汽、制冷等各种品质用热/用冷需要。在适宜地区推广跨季太阳能蓄热工程供热。

清洁电力供热

在风能资源富集、供热需求量大、电力供应相对过剩的北方地区，以替代燃煤小锅炉为目标，推广规模化的清洁电力供热示范，在满足这些地区刚性供热需要的同时，扩大清洁电力就地消纳比重，减少煤炭消费。

生物质能供热

因地制宜推进农林废弃物、城市垃圾等生物质能综合开发，鼓励城镇小型燃煤供热锅炉改造为以生物质成型颗粒为燃料，扩大生物质热电联产比重，提高生物质利用效率，替代城镇化石燃料消费。

地热能供热

鼓励地热能资源丰富地区建立以地热能为主的供热利用体系，满足各种供热需求。

（四）开展区域能源转型综合应用示范工程建设，创新可再生能源综合利用模式

在继续做好绿色能源示范县、新能源示范城市等工作基础上，支持资源条件好、管理有基础、发展潜力大、示范作用显著的地区，以推进新能源应用、显著提高新能源消费比重为目标，以省级和市县或园区级为单位，开展区域能源转型综合应用示范工程建设，促进新能源技术集成、应用方式和体制机制等多层面的创新，探索建立以可再生能源为主的能源技术应用和综合管理新体系。争取到2020年，在一些地区工业、建筑、交通等领域增量或存量的能源消费中，率先实现高比例可再生能源应用。

专栏4－2　区域能源转型示范工程

可再生能源综合利用示范省

支持可再生能源资源富集的西北、西南等省区，探索可再生能源就地消纳与跨区外送、风光水电等互补协调运行机制。到2020年，示范省内可再生能源在能源消费中的占比超过30%。支持中东部可再生能源资源一般或相对贫乏但能源消费集中的省份，充分发挥网际输电能力、区域调峰能力作用，探索实施需求侧管理等综合优化调度运行模式，增加可再生能源消纳比重，争取在“十三五”期间，考虑接受并消纳区外可再生能源，示范省新增可再生能源在全部新增能源消费中的占比超过50%。

农村能源革命示范县（区）

支持在河南等农业及人口大省开展农村能源革命示范县（区）建设。加快城乡电力服务均等化进程，实现稳定可靠的供电服务全覆盖。推进各类生物质集中供气、沼气集中供气、成型燃料供热项目在农村和城镇的应用，在增加清洁能源供应的同时减少环境污染。利用荒山荒坡、农业大棚或设施农业等建设“光伏 +”项目，因地制宜推动光伏和风力发电在提水灌溉等农业生产中的应用。支持示范区建立新型农村可再生能源开发利用合作模式，加快实现示范区内农村能源清洁化、优质化、产业化、现代化。

高比例可再生能源应用示范区

在可再生能源综合示范省、新能源示范城市及绿色能源示范县等局部区域，以及可再生能源资源富集、体制机制创新等先行先试区域，支持因地制宜建成以可再生能源高比例利用为特征的清洁能源应用示范区，满足用电、供热、制冷、用气等各类用能需要，实现不同新能源技术之间以及新能源与常规能源生产消费体系的融合。到 2020 年，示范区可再生能源在能源消费中的占比超过 50%。

（五）实施绿色低碳能源微电网应用示范工程，推动天然气分布式利用

为探索建立以绿色低碳电力为主的发输（配）储用一体化的局域电力系统，探索电力能源服务的新型商业运营模式和新业态，推动更

加具有活力的电力市场化创新发展，最终形成较为完善的新能源微电网技术体系和管理体制，“十三五”期间，按照“因地制宜、多能互补、技术先进、创新机制”的原则，正确引导并逐步扩大天然气分布式能源与微网在电网中的应用规模，逐步提高协调控制能力，充分发挥新型分布式能源与微网技术的能源利用效率高、节能减排效益明显、电力综合效益好的优点，提高系统的供电可靠性，改善系统的峰谷特性，推进以绿色低碳能源为主、分布式电源多元互补的新能源微电网应用示范工程建设。

专栏4－3　绿色低碳能源微电网示范工程

联网型微电网

鼓励在需求较大和有资源条件的城市地区，建设可再生能源、天然气等互补的联网型微电网，实现区域内冷热电负荷的动态平衡及与大电网的灵活互动。

独立型微电网

在偏远、海岛或电网薄弱地区建立以风、光、水为主，储能、天然气、柴油备用的独立型微电网。

五、增加绿色低碳能源有效供给的体制机制建设

加强绿色低碳能源有效供给，确保实现国家非化石能源发展目标，需进行能源体制改革。

（一）明确绿色低碳能源发展的战略定位

在我国能源发展战略中明确提出绿色低碳能源要优先发展、大规模发展、超前发展，煤炭等高碳能源要限制发展、优化升级、有序退出的整体思路，并在“能源法”等法律中固化下来。明确天然气作为我国近中期主力能源而不是过渡能源的定位，加快研究和出台“天然气法”，并以此为基础研究鼓励天然气加快勘探开发、扩大进口和利用的配套政策及措施。

（二）推进市场化改革进程，完善价格形成机制

加快绿色低碳能源领域的市场化改革，深化天然气和电力领域“放开两头、管住中间”的改革思路，打破天然气勘探开发由少数企业高度垄断的利益格局，推行天然气管网和电网的“网运分开”，实行输送与配送、销售业务的分离，真正实现自然垄断环节的第三方公平准入，从而吸引非公有制经济以参股等方式进入绿色低碳能源生产和供应行业，营造主体多元化、准入标准明确、监管透明有效的市场环境，激发市场活力，促进绿色低碳能源产业快速健康发展。

取消竞争性领域的价格管制，促进价格由市场供需双方协商确定，从而反映能源商品的真正价值，使价格充分发挥市场信号的作用，为市场配置资源创造基本条件。推进天然气价格、上网电价和销售电价逐步适时放开。设置天然气调峰价格、电网调峰价格，充分体现边际供应的市场价值，以价格杠杆撬动储气调峰设施、调峰电源的投资和建设，弥补现有调峰能力不足。

在天然气管网和电网环节实行监管定价，定期开展成本监审，通

过确定天然气管网和电网运营企业的真实成本和合理收益，制定天然气管输费用和电网输配价格，从而对自然垄断环节的运营实施严格监管。此外，要促进信息公开，接受公众监督，建立公平的第三方准入机制。

（三）建立法规健全、监管独立、运转高效的能源管理体制

贯彻落实国务院关于转变职能、简政放权的有关要求，确保权力与责任同步下放，调控与监管同步加强。强化规划、年度计划、部门规章规范性文件和国家标准的指导作用，充分发挥行业主管部门和国家能源主管部门派出机构的作用，打造法规健全、监管独立、运转高效的管理体制。

完善行业信息监测体系，健全产业风险预警防控体系和应急预案机制。开展水电流域梯级综合调度管理和综合监测工作，进一步完善新能源项目信息管理，全面建立覆盖全产业链的信息管理体系和工作机制，实行重大质量问题和事故报告制度。针对重点问题，定期开展可再生能源消纳、补贴资金征收和发放、项目建设进度和工程质量、项目并网接入等专项监管工作。

（四）创新技术研发新机制，提升绿色低碳产业可持续发展能力

通过绿色低碳能源新技术和新工艺的应用和革新带来的效率提升，推动其成本下降，增强产业可持续发展能力。具体包括以下四方面：

一是建设国家级的能源研发机构和平台，加快能源重大科技攻关，促进我国低碳能源技术实现重大突破，赶超全球能源技术革命步伐。

二是建议国务院能源主管部门统一领导能源技术的研究与开发工作，保证能源技术研发的前瞻性和战略性。

三是建立社会化的能源技术研发机构，鼓励多方力量参与到低碳能源技术的研发中，逐步建立起一种科研机构、大型企业与社会资本优势互补、利益均沾的能源低碳化、清洁化的技术研发和创新制度体系。

四是推动适应高比例、大规模绿色低碳能源应用配套技术的研发创新，加大储热、储电、储氢、新材料等新技术和新工艺研发示范。

（五）实施可再生能源开发利用目标管理体系和市场化履约机制

落实《可再生能源法》的要求，按照国务院能源主管部门发布的全国可再生能源发展规划，确定规划期内各地区一次能源消费总量中可再生能源消费比重指标，以及全社会电力消费量中及全部发电量中可再生能源电力消费比重指标要求，在此基础上建立以可再生能源利用指标为导向的能源发展指标考核体系，完善国家及省级政府间协调机制，按年度分解落实，并对各省（区、市）、电网公司和发电企业可再生能源开发利用情况进行监测，及时向全社会发布并进行考核，以此作为衡量能源转型的基本标准以及推动能源生产和消费革命的首要措施。各级地方政府要按照国家规划要求，制定本地区可再生能源发展规划，并将主要目标和任务纳入地方国民经济和社会发展规划。

建立全国统一的可再生能源绿色证书交易机制，进一步完善新能源电力的补贴机制。通过设定燃煤发电机组及售电企业的非水电可再生能源配额指标，要求燃煤发电机组或售电企业通过购买绿色证书作为完成可再生能源配额义务的证明，通过绿色证书市场化交易补偿新能源发电的环境效益和社会效益，逐步将现行的差价补贴模式转变为定额补贴与绿色证书收入相结合的新型电价模式，同时与碳交易市场相对接，降低可再生能源电力财政直补的强度，逐步减少可再生能源对中央财政补贴资金的需求。

参考文献

[1] 吴敬琏，等．供给侧改革［M］．北京：中国文史出版社，2016.

[2] 滕泰，范必，等．供给侧改革［M］．北京：东方出版社，2016.

[3] 国家可再生能源中心．可再生能源电力发展信息简报［R］．2016.

[4] 国家发展改革委．国家发展改革委关于降低煤炭发电上网电价和一般工商业用电价格的通知（发改价格〔2015〕3105号）［Z］.

[5] 国家可再生能源中心．中国可再生能源产业发展报告2015［M］．北京：中国经济出版社，2015.

[6] 王一鸣．避免误读中国供给侧改革［EB/OL］．中国智库网，2016.

[7] 曾鸣．能源行业中的供给侧改革［N］．中国能源报，2016－01－11.

[8] 人民日报社论．着力加强结构性改革，全面提高经济发展质量［N］．人民日报，2015－12－22.

[9] 习近平．关于供给侧改革的"四则运算"［EB/OL］．中国干

部学习网，2015－12－26.

［10］钱颖一．新常态下的经济学创新［EB/OL］．中国改革论坛网，2016－02－12.

［11］贾康．“十三五”时期的供给侧改革［J］．国家行政学院学报，2015（6）.

［12］“十三五”规划执行力与供给侧结构性改革［J］．全面深化改革对话，2015（12）.

［13］吴敬琏．中国经济增长的关键驱动力［N］．搜狐财经评论，2015－10－26.

第五章
Chapter Five

推进能源供需协调发展的体制机制

近期能源供需两侧结构性改革要完成好“去产能、去库存、去杠杆、降成本、补短板”五大任务，而长期的核心目标则是要让能源供应适应能源需求趋势变化，促进能源供需协调发展，关键是要创新体制机制，构建现代能源市场体系。

一、能源供需不协调的若干问题

（一）高碳式供应与清洁化需求不协调

我国能源需求清洁化趋势正不断增强。长时间高强度的能源资源开发利用已严重破坏了我国的生态环境，特别是2013年以来广大中东部地区出现的雾霾天气，污染面积之大、持续时间之长、影响人群之广前所未有，进一步唤醒了人们保护环境、爱惜自然的意识。加之目前我国人均GDP超过8000美元，已达到上中等国家水平，清洁绿色开始成为人们追求美好生活的重要方面。种种迹象表明，中国正在逼近环境库兹涅茨曲线的倒“U”型拐点。中共十八届五中全会提出“创新、协调、绿色、开放、共享”五大新发展理念，“十三五”规划纲要首次明确提出今后5年“生态环境质量总体改善”的发展目标，加快改善生态环境，相应地，人们对绿色低碳能源的需求正变得越来越迫切。

然而，高度依赖高碳式能源供应局面一直难以摆脱。尽管我国早在“九五”期间就提出了“优化调整能源结构”的政策方针，但煤炭长期占据主导地位的格局并没有改变。“十一五”规划，我国提出了一次能源消费总量控制和能源结构调整目标，但实际未能有效遏制住能源和煤炭消费快速增长势头，煤炭消费年均增长了1.7亿吨，煤炭消费比重比规划目标高出3.1个百分点。火电装机容量增长3.2亿千瓦，占新增发电装机容量的70%以上。“十二五”以来，我国实施更为严格的“双控”制度，强化能源对转变经济发展方式的倒逼作用，但2011年、2012年、2013年煤炭增量依然高达4亿吨、2.3亿吨、1.2亿吨。煤电仍是新增电源主力，“十二五”期间新增煤电装机容量2.35亿千瓦，占新增发电装机容量的43.5%。而且在建和待建煤电规模仍较大，自2012—2014年通过环评审批的煤电项目有1.60亿千瓦，2015年1—9月获得审批的煤电项目已超过1.23亿千瓦。

更严重的是，我国东部发达省份及大都市，目前人均GDP已超过10000美元，迈入高收入水平行列，但其能源发展理念和行动依然以高碳化石能源供应为主。“十三五”期间，广州市仍计划大力发展燃煤电站作为骨干电源，华东四省一市也酝酿继续积极发展燃煤电站，具体见专栏5-1。

专栏5-1　东部发达地区能源发展依然强调以煤为主

广州市

广州市“十三五”规划中，仍把分布式能源、热电联产、高效清洁煤电作为支撑工业园区和产业集聚区负荷中心的基本保障电源。在2015年实现在役燃煤机组全部达到“超洁净排放”标准基础上，按照“超洁净排放”、减量替代等原则，实施煤电升级改造行动计划，推进燃煤骨干支撑电源建设，打造清洁高效可持续发展的煤电产业“升级版”。计划到2020年，广州燃煤发电总装机容量达到730万千瓦，比2015年净增220万千瓦。

华东四省一市

华东电网“十二五”期间新增装机容量9248万千瓦，其中新增煤电5340万千瓦，比重超过55%。“十三五”长三角地区规划新增燃煤发电约2850万千瓦，燃煤发电仍然是增长规模最大的发电电源，仍未摆脱对煤电的依赖。江苏提出加快构建以煤炭、天然气、电力等为主的安全稳定供应体系，在持续控制能源和煤炭消费总量的同时，加快推进煤电节能减排升级与改造，结合整合关停燃煤锅炉，优化发展热电联产。福建提出适度发展绿色火电，有序推进已批大型燃煤电厂建设，优先发展热电联产等机组。

（二）低水平供应与高品质需求不协调

随着我国居民收入水平持续提升，人们对生活服务品质要求持续提高，能源服务作为关系日常生活的基础服务之一，“质优价廉”已经成为核心评价标准。与此同时，经济结构转型升级带动产业结构调整，第三产业快速发展，工业迈向中高端，便利、灵活、可靠、可负担得起的能源服务既是提升产业竞争力、助力产业升级的必要基础，也是与新兴产业发展相匹配的必然要求。

建立并完善便利、灵活、可靠、可负担得起的“质优价廉”能源服务既是现代生活之需，又是产业竞争力之求，但我国能源低水平供应与高品质需求不协调矛盾凸显，突出体现在油气、电力领域高成本导致的高价格、非稳定供应、低效难调节、低质量等方面，已成为影响居民生活水平进一步提升、再造经济竞争新优势的重要制约因素。我国油气行业的垄断性供应格局导致企业运营效率低、成本居高不下，传导至消费端，成为油气产品价格高昂的主要原因之一。从国内能源比价关系来看，考虑实际利用效率，产出单位有效热量耗用油、气费用分别约是煤炭的 2 倍和 3 倍，即便考虑煤炭开采的外部环境成本，油、气也分别高出 40% 和 70%。

与此同时，我国油气安全稳定供应存在隐患。一是国内油气产量增长远不能满足需求增长，油气对外依存度迅速提升；二是油气管网设施建设滞后，长输管道输送能力有限，大范围资源调配受限，城市管网占压问题突出，安全风险大；三是石油储备规模较小，天然气调峰储备能力严重不足，供应紧张时有发生。成品油质量标准虽然提升迅速，但升级投入大、质量监管不严等因素制约了实际油品质量的提升，低品质油品仍大规模在市场流通。天然气服务尚未普及，2014 年我国城镇天然气气化率不到 40%。我国电价结构性问题突出，实质上形成了工业、商业对居民的电价补贴，一定程度上造成我国制造业成本增高。

此外，随着风能、太阳能等高成本可再生能源发电比例不断提高，以及煤电产能非经济性盲目扩张，发电环节平均成本仍在持续提升。输配电环节政府监管力度不足，成本居高不下。电力系统效率低、灵活性差问题突出，不适应新型发电、用电方式的需要。目前我国电力调度远未执行“成本最优”原则，“平均分配”调度方式以牺牲效率为代价，“抢电量”造成了装机规模大大超过实际需求；同时过度追求单机组高效率，盲目“上大压小”，不仅可再生能源、分布式能源等灵活发电方式难以顺畅接入，也难以满足波动越发频繁的用电需求，整体上系统运行效率大幅下降，同时电网安全稳定运行也面临挑战。

专栏 5-2　油气和电力领域低水平供应问题突出

油气领域

油气行业低效率运行，成本居高不下，是导致产品价格高昂的主要原因之一。目前我国成品油价格约是美国的 2 倍，天然气价格是美国的 3 倍以上。油气安全稳定供应存在隐患，石油对外依存度突破 60%，天然气已达 30%。基础设施建设滞后，我国油气管网密度仅为美国的 1/10 左右，已建成战略石油储备规模仅相当于目前 15 天净进口量，远低于国际能源署设定的 90 天以上的应急储备目标，我国天然气储气库的有效工作气量仅为天然气消费量的 3%，大大低于 12% 的世界平均水平，季节性、区域性供应紧张现象仍时有发生。品质较低，普通柴油、低标号汽油等低品质油品仍大规模在市场流通。

电力领域

发电环节、输配电环节成本较高，导致电价偏高。目前工商业电价高出美国20%以上，一定程度上影响制造业成本，既有对居民电价交叉补贴因素，更在于电力供应成本较高。电力系统效率低、灵活性差。电力采用近似“平均分配”的调度方式，以牺牲效率为代价；过度追求单机组高效率，盲目“上大压小”，即便仅存在尖峰负荷，往往也配以大容量、高参数基荷电源，造成目前约10%的机组运行小时数仅能维持在几十个小时；大型机组多，但反应速度慢，难以灵活调节，反而造成安全隐患。

（三）不确定供应与波动性需求不协调

我国能源特别是电力需求的波动性特征越发显著。长期以来，工业是我国最主要的用能大户，而工业用能负荷具有相对平稳的特征。随着我国产业结构调整步伐加快，2012 年我国第三产业比重首次超过第二产业，到 2015 年占比已达 50. 5%，第二产业比重则降至 40. 5%，工业能源及电力需求占比不断下降。第三产业和居民用电比重则不断提高，两者比重之和已由 2006 年的 21. 3% 提高到 2015 年的 26%。相比传统工业用电负荷，服务业及居民用电波动更为明显；再加上电动汽车、数据中心、电炊具、电制氢等新型用电设备不断涌现，用电需求波动性将不断加剧。相应地，由于波动性更高，调度机构对规模日益提高的新型电力需求的预测管理难度也不断提升。

与此同时，在能源供给侧，可再生能源正加快发展，能源供应的不确定性不断增加。到 2015 年底，我国风电、光伏等可再生能源发电装机容量分别达 1. 2 亿千瓦和 0. 43 亿千瓦，均已位居全球第一，成为全球可再生能源发电规模最大的国家。随着电力系统中波动性可再生能源发电比重的不断增加，电力调度机构越来越难以通过制定固定的发电计划和调度指令对发电侧进行管控。

大规模不确定性的可再生能源发电与波动性加剧的用电负荷叠加在一起，给我国协调能源及电力供需平衡带来了巨大挑战。上海拥有我国用电负荷最高和规模最大的受端城市电网，随着电动汽车快速发展，傍晚时分大量电动汽车的充电负荷与电网原始高峰负荷区域相重合，加剧了电力负荷的波动性，而其通过“四交四直”特高压和 500 千伏跨区跨省通道，受入了大量的西部清洁水电，电力供应峰谷差不断加大，对电网有效协调供需提出了新的挑战。又如张家口市，已被定位为国家可再生能源示范区，将大力发展风电和太阳能发电，规划到 2030 年可再生能源开发总量要达到 3300 万吨标准煤，占终端能源消费比重达到 50%，因此张家口将不再发展传统高耗能工业，电力需求更多来自波动性较大的交通、商业及公共建筑、居民生活领域，大幅增加的不确定性可再生能源供应与波动性加剧的需求之间的矛盾将不断凸显。

专栏5-3　上海市和张家口市不确定性供应与波动性需求不协调问题突出

上海市

上海拥有我国用电负荷最高和规模最大的受端城市电网。

在需求侧，上海市新型用电需求规模也在不断提升，以电动汽车为例，2011年至2015年全市累计推广电动汽车近58000辆，居全国首位。在购车补贴及直接上牌等政策的影响下，可预见该市电动汽车市场仍将保持快速增长趋势。上海夏季用电负荷高峰从午后一直延续至傍晚18点左右，而电动汽车充电最高峰往往出现在傍晚17:00—18:00点，此时若对电动汽车充电不加任何干预，大量电动汽车的充电负荷将与电网原始高峰负荷区域相重合，甚至产生新的用电尖峰，从而加剧电力负荷的波动性。

在供给侧，外来电比例正逐年提高。截至2016年，上海电力供应能力达到3535万千瓦，其中本市发电2000万千瓦，市外来电1535万千瓦，市外来电比例高达43.42%。近年来，上海通过“四交四直”特高压和500千伏跨区跨省通道，受入了大量的西部清洁水电，加之夏季电力高峰不断刷新、电力峰谷差不断加大，对电网的运行安全提出了新的挑战。

张家口市

2015年7月，国家发展改革委印发《河北省张家口市可再生能源示范区发展规划》，可再生能源消费量占终端能源消费总量比例2030年达到50%，80%的电力消费来自可再生能源，全部城镇公共交通、城乡居民生活用能、商业及公共建筑用能来自可再生能源，全部工业企业实现零碳排放，全面形成以可再生能源为主的能源保障体系。

在需求侧，规划低碳奥运专区、张北大数据管理基地、可再生能源科技创业城和综合商业区，以推动当地经济从传统工业向新兴工商业及服务业转型。不断提升的可再生能源比重与日益不确定需求之间的矛盾将不断凸显。

二、能源供需不协调的体制机制原因分析

资源条件和技术水平都是造成能源供需不协调的重要原因，但正如习近平总书记所强调的，其背后更多都是体制机制问题。一方面，缺乏针对性的机制设计，或不甚合理；另一方面，存在体制弊端，无法适应能源供需形势的变化，从而使供需不协调矛盾加剧。

（一）激励能源绿色低碳转型的价格财税机制不完备

目前激励能源供应向绿色低碳转型的机制设计尚不完备，未形成有利于能源向绿色低碳转型的价格和财税体系。清洁能源与高碳能源比价关系严重不合理，特别是煤炭与天然气、可再生能源的比价关系严重扭曲，阻碍了其规模性替代煤炭的进程。

1. 中国煤炭开发利用外部性成本巨大，但未在煤炭价格中得到有效体现

许多学者对我国煤炭开发利用的外部性成本进行了估算，2007 年为 150 元/吨，2010 年为 205.08 元/吨，2012 年为 260.3 元/吨，同时也可以看出，该成本还在逐年增大。

如果考虑二氧化碳排放导致的气候变化成本，该成本还将进一步增大。目前，我国的煤炭定价机制虽然部分考虑了这些社会成本，但煤炭定价机制中的环境税费仅 30～50 元/吨煤，且大部分集中在生产端，煤炭消费侧的排污费仅 5 元/吨煤左右，环境税费远远不足以将这些外部成本内部化。这在很大程度上刺激了煤炭需求的不合理增长，2000—2015 年，一次能源消费总量年均增速 7.4%，同期煤炭消费年均增速 6.9%，基本同步增长。

2. 天然气价格形成机制仍存在很多不完善之处，造成价格水平比合理值偏高，不利于扩大天然气市场需求和实现规模替代煤炭

一是天然气门站价格实行与燃料油、LPG 价格挂钩，而不是与天然气的替代对象煤炭价格挂钩，这直接拉大了天然气与煤炭的价格差距，定价的合理性值得商榷。

二是天然气省网和配气管网不合理加价造成了终端气价偏高。管网等自然垄断环节的经营活动尤其是成本没有受到严格监管，省网和城市燃气企业存在较大利润空间，从而损害了终端用户的利益。

三是居民用气与非居民用气价格交叉补贴严重。居民用气享受较低价格，而其部分供应成本由其他用户承担，随着城市气化率不断提高，居民用气成本向其他行业转移的规模扩大，这严重影响了发电、

工业、交通等领域天然气需求，不利于天然气在主要领域的普及性使用。

3. 煤炭价格下滑导致可再生能源发电与燃煤发电的比价关系不降反升，可再生能源发展政策机制面临严重挑战，不利于引导可再生电力大规模替代煤电

2006 年《可再生能源法》出台，我国确定了可再生能源发电固定电价上网机制，同时征收可再生能源电价附加来补贴其上网。随着可再生电力发展规模不断扩大，可再生电力附加标准和征收额显著提高，已从 2006 年的 0.2 分/千瓦时增加到 2016 年的 1.9 分/千瓦时。近年来煤炭价格则大幅下跌，燃煤发电上网电价不断走低。在不考虑煤炭外部性成本的情况下，可再生能源发电与燃煤发电的比价关系不降反升，燃煤发电经济性优势进一步凸显，而可再生能源的大力发展显著提高了全社会用电成本，这产生了逆向激励作用，反过来刺激了煤电发展，从而不利于可再生电力大规模替代煤电。

从国外来看，能源比价关系在天然气、可再生能源对煤炭的替代中起到了决定性作用。例如，过去十几年美国天然气发电在没有补贴的情况下大幅增长、市场份额快速提高，主要得益于天然气与煤炭的比价持续走低；此外，不断提高煤电厂排放标准也起到了重要作用。又如，几年前由于煤炭价格大幅走低而天然气价格居高不下，欧洲曾出现煤电对天然气发电的逆替代。这说明能源价格和财税体系是激励能源供应向清洁化转型的关键，亟须通过完善机制设计发挥市场在促进转型中的积极作用。

（二）垄断性供应和政府缺少管理手段导致企业服务水平低

垄断性供应格局使企业缺乏提升服务水平的市场压力和动力。我国能源行业，尤其是油气行业和电力行业，在自然垄断和行政性垄断双重作用下形成了以国有大企业为主的垄断性供应格局。改革开放以来，持续高速发展的中国经济急需大量能源用于生产和消费。在相当长的一段时间里，中国能源行业的第一要务是及时、有效地供应能源，保障经济顺畅运行，而来不及就能源领域的各种问题进行深入的改革。虽然在部分领域进行了打破垄断、引入多元主体的市场化改革，但整体来看，我国能源行业垄断程度依然较强，国有垄断企业牢牢占据主导地位，市场竞争机制远未建立。由于缺乏市场竞争机制，加之政府赋予能源企业诸多的社会责任，使得能源行业企业缺乏提升服务水平的市场压力和动力，行业效率整体较为低下。

价格市场化改革单兵突进，政府失去了促进垄断国有企业提质增效的有力抓手。由于垄断企业的存在，总体而言政府要对行业价格进行管制，以谋求公共利益和国有企业政策性保护的平衡，进而促使垄断企业不断提高效率，改进服务质量。长期以来，我国对能源垄断行业也是采取政府管制价格的方式，通过政府制定价格，防止垄断企业制定垄断价格。事实上，改革开放的前 20 多年，我国都是压低能源要素价格，追求经济高速增长的。

但是，近年来，在市场竞争机制尚未完全建立的情况下，价格市场化改革快速推进，政府失去了价格管制这一有效手段。我国价格市场化改革不断提速，形成能源产品市场化定价机制，原油、成品油、天然气和电价完全或者部分实现市场化定价，价格也有了较大幅度上升。但能源价格市场化的前提是要有充分竞争的能源市场，只有充分竞争环境下形成的价格才是市场化的价格，才能充分反映不断变化的市场供求关系和能源的稀缺程度。而能源行业垄断格局仍在，市场化定价导致企业滥用垄断权力，一方面通过控制产品供给来抬高价格、获取高额利润，另一方面亏损时还可以获得政府巨额补贴，政府管制价格对企业提升效率的激励作用消失，导致政府失去了调控企业的重要抓手，越发难以要求企业提高服务质量和效率。

（三）有效协调供需的电力电量价格机制缺乏

我国现行的电力调度机制及市场模式缺乏有效的激励性竞争市场机制，很大程度上使得我国电力系统难以有效协调发电侧与用电侧之间的不平衡，更难以促进不确定供应与波动性需求的协调。我国现有的调度计划安排方式对现有的灵活性资源难以形成有效的激励，各类灵活性资源缺乏积极性参与系统平衡调节，上网电价机制缺乏合理的价格信号，未能及时反映灵活性资源的价值。在这种情况下，当可再生能源的发电容量在电网中所占比重较大时，由于其出力的不确定性，可能造成系统在短时内出现较大幅度的不平衡。

《关于进一步深化电力体制改革的若干意见》提出新增配售电市场、放开输配以外的经营性电价、公益性调节性以外的发电计划放开，旨在还原电力商品属性，营造市场定价机制，以价格信号引导资源开发和合理利用，符合系统灵活性资源的定价需求。然而，现实中发展更快的大用户直接交易、跨省区交易往往通过计划调度执行，实际发用电曲线与交易关联性弱，特别当交易规模不断扩大，且计划电量不断缩小后，交易电量会出现明显偏差，导致完全放开发用电计划无法实现，灵活性资源价格信号的缺失也无法有效发掘灵活性资源潜力。长期而言，我国的电力市场机制难以引导电力系统规划投资建设充足的灵活性资源，保障系统灵活性资源的充裕。随着电源结构的转变、可再生能源发电比例的增加、核电装机容量的上升，传统的具有较强调节性能的发电机组（如火电、调节性水电等）在电源结构中的占比会逐步下降，这会使得发电侧的灵活性资源相对减少，导致发电、用电双侧不协调的矛盾日益加剧。

综观各国电力市场改革经验可以发现，合理的市场机制设计不仅有助于推动竞争性市场形成，还将有效提升电力系统灵活运行能力，促进大规模可再生能源发电和满足新型用电需求的需要。在我国电力体制市场化改革的背景下，随着电力现货市场和售电业务的逐步放开，应为具备灵活负荷调节的供电商营造更具竞争力的市场环境。基于灵活的价格政策和市场机制设计，凭借用电负荷灵活可控，供电商除像一般供电商一样通过购售电差价获取收益外，还可通过参与上游现货电能市场及辅助服务等电力交易，在实现发、需两侧协调运行的同时，共同维护电力系统安全经济运行。

专栏5-4　美国竞争性市场机制提升了电力系统灵活性

美国PJM电网通过引入竞争性市场机制，有效提升了电力系统灵活运行能力，在满足不断提高的供电质量需求的同时，也增加了其可再生能源发电消纳规模。PJM电力市场由电量市场、辅助服务市场、输配电服务及需求响应机制四部分组成，在日前电能市场中，发电商和负荷服务实体根据供给和需求向PJM投标和报价，由PJM按照供给和需求进行匹配；而实时市场是日前电能市场的补充，它为市场成员（发电商、传输用户）提供了一个调节调度计划的机会，也为调度交易中心提供了实时经济调度的手段。供需双方能够通过在现货市场的报价参与到电力系统的短期电能量交易中来，系统运营商可利用这一市场交易机制在短期获取各类灵活性资源。

辅助服务方面，PJM通过调节同步备用市场、日前计划备用市场来获得其所定义的各类运行备用资源，这就使得系统运营商在系统短期及实时运营过程中拥有充足的灵活性资源以调节供需。此外，不同的需求侧通过提高不同类型的需求侧服务，如有限夏季需求响应（Limited Summer DR）、延长夏季需求响应（Extended Summer DR）、年度需求响应资源（Annual DR）等来获得收益，为系统提供了长期的灵活性资源。

（四）政府管理职能及能源市场体系等短板突出

我国已成为世界上最大的能源生产国和消费国，能源体系十分庞大，过去的计划经济手段已远不能适应新的需要，政府管理职能缺位严重，有效的能源市场体系建设滞后，这也是能源供需不协调的根源所在。具体体现在以下几个方面：

第一，政府微观管制多而宏观调控不足。长期以来，我国能源管理一直带有计划经济色彩，对微观领域的管制较多，特别是项目投资审批和生产能力控制等。能源项目投资一直由中央能源投资主管部门甚至是国务院审批，虽然当前政府在着力推动简政放权，将一些能源项目的投资审批权下放，但只是从中央政府下放到省级政府，能源项目投资审批权仍在政府手中。政府宏观调控职能严重不足，战略规划让步于项目审批，当全国能源供需平衡、区域间产需协调、上下游供需衔接等方面出现问题时，往往采取暂停或加快项目审批、强制企业退出等手段，反而很可能加剧供需矛盾。

第二，现代能源监管体系缺乏。目前，我国能源监管主要集中于电力领域，对石油、天然气、煤炭等领域的监管尚未有效建立。对市场运行、市场交易、普遍服务、公平接入、投资者及消费者保护等问题的监管，对其具有自然垄断特征的电网、天然气管线、热力管线等的监管，对各地区和重点用能企业节能工作的监察等均存在不足。此外，在能源安全、能源节约、环境保护、能源公平服务、弱势群体保护等领域的监管也十分有限。这导致政府难以对能源项目建设、运行进行全过程监管，未能有力促进能源市场有序发展，一定程度上制约了能源服务质量的提升。

第三，能源法制化进程缓慢。我国能源法律法规尚不健全，能源领域基本法“能源法”迄今为止仍未能出台，石油天然气、能源储备、能源预警应急、能源公用事业等基本法律制度以及针对市场公平竞争的法规缺乏，《煤炭法》《电力法》《可再生能源法》《节约能源法》等单行法律也不完全适应市场发展。这也使得无法可依现象广泛存在，执法不严现象也较为普遍，不能有效保护或约束能源从业者或消费者行为。

第四，能源信息透明程度严重不足。目前，政府掌握大量能源资料，但公开的很少，而囿于人力物力，也没有得到充分利用。大量的能源市场信息被少数企业掌握，没有公开，缺乏能源公共信息平台。信息不透明导致能源生产和消费者只能基于有限信息进行决策，一定程度上助推供需失衡，供给与需求脱节。

三、深化能源供需协调发展的思路和体制机制创新

（一）总体思路

能源供需协调发展是清洁、高效、安全、可持续的现代能源体系的一大特征，是能源生产和消费革命的重要目标之一，必须牢牢贯彻能源体制革命和供给侧结构性改革的根本要求，从体制机制等深层次矛盾出发，建立与现代能源体系相匹配的现代能源市场体系，理顺政府和市场关系，发挥市场机制的决定性作用，完善政府各项职能，推动能源供应方式与能源需求趋势相协调。

一方面，加强针对性机制设计，促进能源供需协调发展。重点是理顺高碳能源与清洁能源比价关系，特别是逐步将煤炭外部性成本内部化，加强能源企业成本约束与监督考核，促进大型国有能源企业不断提质增效，建立充分反映电力电量时间价值的市场交易机制。

另一方面，着力解决当前能源体制痼疾，加快补上现代能源市场体系的短板，从根本上保障能源供需协调发展。重点是强化政府宏观调控职能，加强对全国能源供需平衡、区域间产需协调、上下游供需衔接等方面的长远谋划、跟踪分析、及时研判，加快能源法制化进程，进一步扩大能源竞争领域范畴，建立健全现代能源监管体系，完善能

源信息公开制度。

（二）促进能源供需协调发展的机制设计

1. 理顺高碳能源与清洁能源的比价关系

推动能源供需两侧结构性改革，促进能源供需协调发展，必须深化能源价格财税机制改革，关键是要理顺高碳能源与清洁能源的比价关系。通过完善的价格财税手段，合理确定高碳能源与清洁能源比价关系，一方面能抑制高碳能源供应，有助于化解传统过剩产能；另一方面能加速低碳能源发展，有助于补上清洁能源供应短板，从而促进供应由高碳向绿色低碳转变，逐步与清洁化需求相协调。

首先，加快建立健全煤炭外部性成本内部化机制。在生产侧，一方面，完善煤炭资源税征收标准，体现国家对煤炭的所有权，反映煤炭资源耗竭代价和资源开发的生态环境成本；另一方面，分步推进，将煤炭可持续发展基金、矿山环境治理恢复保证金、水土流失防治费、土地复垦费等各类费用改为征收生态保护税，并逐步提高税额标准，最终建立完善的生态补偿税收政策。在消费侧，考虑通过征收环境税、碳税或有偿发放碳排放配额等方式推行煤炭排污费改税，并逐步提高税额标准，最终实现煤炭消费的外部性成本内部化。

其次，完善天然气价格形成机制，力争缩减与煤炭价格差距。一是取消天然气用户交叉补贴。应逐步提高居民用气价格，使其能够真实反映供气成本和合理利润，同时降低工商业企业用气价格，使之朝着有利于规模化替代煤炭的方向发展。二是探索改进天然气价格形成机制，形成更富有弹性的门站销售价格。按照“市场净回值法”的准则，天然气销售价格应与由市场竞争形成的可替代能源价格挂钩。目前，可替代能源价格主要是燃料油和 LPG，但二者是非完全市场竞争形成的价格，未来更应考虑将煤炭、热力作为天然气可替代的对象，综合一篮子替代能源价格制定更加合理的天然气门站销售价格。三是加快行业体制改革，减少天然气运输环节的不合理加价，促进终端价格水平下降。严格监管具有自然垄断性质的长输管网和省内管网公司，在定期开展成本监审的基础上，对管输价格实行政府定价，并向社会公开，接受社会监督。

在此基础上，完善天然气替代煤炭和可再生能源发展的激励政策。基于环境税、碳税或初始碳排放权有偿分配收益，探索将这部分财政收入用于补贴天然气替代煤及补贴可再生能源发展，并建立相关机制。理顺电价形成机制，建立以考虑煤炭外部性成本内部化为准绳的上网电价、销售电价形成机制，合理确定可再生能源补贴标准，逐步取消可再生能源电价附加，转而以煤炭消费的外部性成本支付可再生能源发展所需的补贴额。

2. 加强能源国有企业成本约束与绩效考核

推动能源供需两侧结构性改革，促进能源供需协调发展，必须深化能源国有企业改革，重点是要强化垄断性能源国有企业成本约束与绩效考核。通过完善的成本约束与绩效考核手段，促进能源国有企业提质增效，在增强国有经济活力的同时，不断提高服务水平和质量，满足人们生产生活日益增长的对高品质能源服务的需求。

第一，建立并完善激励性价格管制机制。采取激励性管制方式的目的在于将自然垄断企业的行为引导到管制机构期望的方向上来，即激励自然垄断企业提高生产效率、主动降低成本、增加产品供给，从而增进社会福利。建议采取综合绩效标杆和标尺竞争相结合的综合激励性价格管制机制，并根据不同行业情况分阶段实施。在实施初期阶段，利用绩效标杆机制引入竞争，激励各个企业提高自身运营效率，使企业效率都可以达到一个相对较高的水平；其后，采取标尺竞争机制，确定合理的价格限额，并对设定的价格上限进行定期调整，通常是逐步下调，以提高生产效率。同时赋予被监管企业在不超过价格上限的情况下自由调整个别价格的灵活定价权，以提高社会配置效率。

第二，完善成本约束机制。关键在于做好企业成本测量与监控，剔除其所上报的虚假成本，降低企业与管制机构间的信息不对称程度。应针对不同类型能源企业设计相应的成本计算标准，要求企业按照规定标准上报成本。监管机构还应对各企业上报的成本做定期监测，掌握在不同时间内企业的成本变化，从而对企业的经营状况有更为直观和充分的了解。推行主辅分离是当前阶段完善成本约束机制的一个重要方法。

第三，建立健全企业绩效考核体系。能源国有企业的绩效考核体系必须根据国有企业的双重属性来制定，其社会功能与经济功能的考核都必须得到重视。一方面，当国有企业的经济利润很高时，不仅要看其带给社会的经济贡献，还要看其社会贡献，分析其社会属性成本，不能因为其经济利润高就片面地认为该企业的经营绩效良好。另一方面，当企业处于经济困境时，不仅要分析其经济原因，还要看其社会原因，厘清企业承担社会功能与实现经济利润之间的关系。

3. 建立充分反映电力电量时间价值的市场机制

深入贯彻落实《中共中央 国务院关于进一步深化电力体制改革的若干意见》（中发〔2015〕9号），加快建立电力市场配套机制建设，逐步建立符合国情的电力市场体系，力争到2020年取得重大成效。

在电力市场建设过程中，密切跟踪和把握未来电力供需形势，重点针对电力不确定供应与波动性需求不协调加剧现象，充分借鉴国外成熟电力市场经验，探索建立充分反映电力电量在不同时段真实价值的市场机制，提高电力系统灵活性，协调电力系统日益凸显的供需不平衡压力。

在我国电力市场各个环节机制的设计过程中，应当以建立现货市场为核心的电力批发市场为主线，在现有的大用户与发电企业直接交易基础上，进一步扩大市场准入范围，并适时开放零售市场。按国际惯例规范大用户直接交易，建立现货市场和辅助服务市场。逐步降低现货交易间隔时段，以降低市场备用容量需求，进一步提高电力系统灵活性。此外，应对符合相应市场准入条件的各类电力灵活性资源无歧视开放，准许不同类型的灵活性资源（发电侧灵活性资源、用电侧灵活性资源、储能灵活性资源等）参与到各个市场环节（电能量市场、辅助服务市场、容量市场等）中来，通过市场竞争机制对灵活性资源形成有效的引导和激励，从而为充分协调电力供需营造市场空间。

（三）抓紧补上政府管理及现代能源市场体系短板

推动能源供需两侧结构性改革，促进能源供需协调发展，现代能源管理制度是其根本保障，核心是建立统一开放竞争有序的现代能源市场体系，必须尽快补上政府管理和法律标准短板，加快现代能源市场体系建设。只有完善政府能源管理制度，强化政府宏观调控和市场监管，建立健全能源法律法规和标准体系，才能够有效规范和引导微观主体行为，在短期和长期、微观和宏观之间取得平衡，防范市场风险，促进能源供给紧紧跟随能源需求变化；只有打破垄断，引入竞争，让市场信号发挥协调供需的作用，才能够有效平衡日趋复杂的能源供给和需求体系，也有助于抑制不合理需求，推动有序用能，提升能源供给质量和效率，避免盲目投资扩张。

第一，进一步放松经济性管制，转而强化政府宏观调控职能。进一步放松能源项目投资审批制，由下放给地方政府转为交由市场及企业自主决定。结合放松能源项目投资审批制进程，政府核心职能要从项目审批转为做好长远规划和宏观调控。加强对全国能源供需平衡、区域间产需协调、上下游供需衔接等方面的长远谋划、跟踪分析、及时研判，从战略规划等宏观全局层面保障能源供需协调发展。

第二，加快能源立法，严格能源执法。建立科学有效的立法、司法、执法和依法行政的能源法治体制。加快出台能源法、石油天然气法，尽快修订《电力法》等能源单行法律，建立健全能源环境法律法规，完善节能法规，推进地方配套法规制定，增强《节约能源法》《可再生能源法》等的可操作性和约束力。加快制修订高耗能产品能耗限额标准、终端用能产品能效标准、建筑节能标准和汽车燃油经济性标准等，推动标准法制化。加强法律监督、行政监察、舆论和公众监督，加大违法行为查处力度，提高违法成本，做到有法必依、执法必严。

第三，建立健全现代能源监管体系。健全能源监管制度和市场监管体系，制订能源监管的政策目标和具体的监管政策，依法对市场参与各方进行有效监管。强化对自然垄断环节价格和公平服务以及竞争性领域市场秩序的监管，防止垄断和不正当竞争、维护公平有序的市场竞争。建立能源全领域监管机制，逐步实现由电力为主向天然气、石油、集中供热、核电安全、节能等领域监管全覆盖。完善监管职能，对市场运行、市场交易、普遍服务、投资者及消费者保护等问题进行全面监管。

第四，尽可能在能源各领域、各环节打破垄断，引入竞争机制。在能源可竞争环节引入多元主体，积极推动混合所有制等多种经营方式。逐步放开油气上游和下游的竞争性领域，在上游加快放开探矿权和采矿权，由登记制改为招标制，推动地质信息共享，建立基于技术经济标准的准入门槛，逐步增加市场主体；进一步放开原油和成品油进出口权，尽快将原油进口使用权和原油进口贸易权合二为一；逐步放开原油和成品油销售市场，引入多元主体和多种经营方式，使其充分竞争。逐步放开除输配电外的电力各领域、各环节，率先放开公益性和调节性以外的发用电计划、竞争性环节电价，加快向社会资本开放售电业务和配电业务，不断扩大参与直接交易的市场主体范围和电量规模，逐步建立市场化的跨省跨区电力交易机制，形成“多买—多卖”的电力市场竞争格局。

第五，完善能源信息公开制度，使能源市场信息透明化。建立能源信息发布制度，加快建设能源公共信息平台，整合政府、企业及协会等的信息。跟踪监测分析各地区、能源行业和能源密集型产业、重点企业的能源生产、消费、库存、价格等状况，定期发布，让市场信息充分透明化，保障市场主体合理决策。推动电网、气网、运煤线路等通道输运能力、调度计划等信息公开，促进产运需有效衔接。

四、主要结论及建议

我国能源供需不协调问题突出，是能源供需两侧结构性改革的重要内容。本书深入分析了其突出问题，剖析其背后的体制机制原因，进而提出了深化体制机制改革的方向。具体结论及建议如下：

第一，我国能源供需不协调问题突出体现在三个方面：一是高碳式供应与清洁化需求不协调，以煤为主的高碳能源供应不适应清洁化的能源需求趋势；二是低水平供应与高品质需求不协调，能源高价、非稳定供应、低效难调节、低质量等特点不适应产业竞争力提升和高品质生活的需求；三是不确定供应与波动性需求不协调，新的用电结构和方式增加导致需求波动性增加，以及可再生电力等不确定出力电源大发展，这对平衡电力供需提出了严峻挑战。

第二，造成能源供需不协调的体制机制问题很多，一方面，缺乏针对性的机制设计，主要包括激励能源清洁化转型的价格财税机制不完备，促使能源企业不断提高服务水平的手段缺失，有效协调供需的电力电量价格机制缺乏；另一方面，存在体制弊端，重点是能源市场体系远未健全，无法适应能源供需形势的变化，从而造成供需不协调矛盾加剧。

第三，针对这些体制机制方面的原因，一方面要加强针对性机制设计，理顺高碳能源与清洁能源比价关系，加强能源企业成本约束与监督考核，建立充分反映电力电量时间价值的市场交易机制；另一方面应加快补上政府管理及现代能源市场体系的短板，包括加强政府宏观调控、健全能源法制、扩大竞争范畴、健全能源监管体系、完善信息公开制度，促进能源供需协调发展。

参考文献

[1] 杨伟民．大力推进生态文明建设［A］//十八大报告辅导读本［M］．北京：人民出版社，2012.

[2] 王国祥，濮培民．人类文明演化的生态观［J］．生态学杂志，2000，19（4）：57－60.

[3] 李建国．生态文明——人类未来的文明——关于人与自然持续发展的思考［J］．生态学杂志，1996，15（6）：71－74.

[4] 谢艳红，姚俭健．生态文明与当代中国的可持续发展［J］．社会科学，1998（11）：25－28.

[5] 俞可平．科学发展观与生态文明［A］//薛晓源，李惠斌．生态文明研究前沿报告［M］．上海：华东师范大学出版社，2007：18.

[6] 马凯．坚定不移推进生态文明建设［J］．求是，2013（9）：3－9.

[7] 范必．加大生态文明建设力度（十二届全国人大一次会议

《政府工作报告》辅导读本）［M］. 北京：人民出版社，中国言实出版社，2013.

［8］周宏春. 生态文明建设的路线图与制度保障［J］. 中国科学院院刊，2013，28（2）：157-162.

［9］中国环境文化促进会. 中国公众环保指数（2008）［R］. 2009.

［10］茅于轼，盛洪，杨富强. 煤炭的真实成本［M］. 北京：煤炭工业出版社，2008.

［11］环保部环境规划研究院. 煤炭环境外部成本核算及内部化方案研究［R］. 2014.

［12］国务院发展研究中心，壳牌国际有限公司. 中国中长期能源发展战略研究［M］. 北京：中国发展出版社，2013.

［13］林伯强，牟敦国. 能源价格对宏观经济的影响——基于可计算一般均衡（CGE）的分析［J］. 经济研究，2008（11）：88-101.

［14］胡宗义，刘亦文. 能源要素价格改革对我国经济发展的影响分析——基于一个动态可计算一般均衡（CGE）模型［J］. 系统工程，2009（11）：1-6.

［15］苏鹏，张希栋，赫永达. 天然气价格规制的经济效应分析——基于可计算一般均衡 CGE 模型的政策模拟［J］. 经济问题，2015（11）：54-60.

调研篇

典型地区案例探析

第六章
Chapter Six

以甘肃省为例分析大型可再生能源基地的困境与出路

我国已经成为全球可再生能源利用规模最大的国家，但当下可再生能源发展仍存在消纳受限、盈利不佳的困境，特别是在甘肃等西北大型可再生能源基地，问题尤为突出。“窝电”迟滞了可再生能源的前进步伐，已成为当前制约可再生能源发展的重要因素。如何破解当前严峻的消纳难题？未来我国可再生能源发展路径该如何选择？政府应采取怎样的措施进一步推动产业的积极健康发展？带着这些问题，作者于2016年5月30日至6月5日赴甘肃省进行了调研，与地方发展和改革委员会、电力规划院及相关企业代表进行了座谈，并实地走访了多家典型企业，深入了解了甘肃可再生能源发展的现状及存在的突出问题，并对这些问题进行了深入思考，提出了若干建议。

一、甘肃可再生能源发展情况

（一）风电、光伏装机规模在全国领先

甘肃是全国风能和太阳能资源最为丰富的地区之一，是全国可再生能源发展排头兵。截至2015年底，甘肃风电装机1252万千瓦，光伏装机581万千瓦。光电装机居全国首位，风电装机位于全国第三。

（二）本地电源装机中可再生能源占比较高，在电力替代中发挥了重要作用

2015 年，甘肃统调发电装机容量达到 4188 万千瓦。其中，火电 1661 万千瓦，水电 696 万千瓦，可再生能源 2682 万千瓦，占全省发电装机容量的 58%，其中风电装机容量 1247 万千瓦，光伏发电装机容量 581 万千瓦，光电装机居全国首位，风电装机位于全国第二。2015 年，全省统调发电量 1016 亿千瓦时。其中，火电 562 亿千瓦时，水电 268 亿千瓦时，风电 127 亿千瓦时，光电 59 亿千瓦时。可再生能源发电量占总发电量的 44.7%。

（三）保持了较快的发展速度

2015 年与 2010 年相比，可再生能源装机容量增长近 11 倍，净增 1674 万千瓦；发电量增长近 9 倍，净增 165 亿千瓦时。同期甘肃省总装机规模增长 167%，发电量增长 40%。

（四）发挥了较好的经济社会效应

目前甘肃的风电开发主力是五大发电旗下的新能源公司，各家装机容量均超过百万千瓦。甘肃可再生能源基地自 2009 年开工建设以来大幅拉动了当地固定资产投资，加之风电基地带动的设备和零部件需求，以及当地道路等配套设施建设对吸纳就业、增加税收和对经济增长的贡献率，可再生能源行业对甘肃省内的带动效应非常显著。

二、甘肃可再生能源发展面临的问题和挑战

（一）存在的主要问题

1. 甘肃省内用电市场供大于求，可再生能源消纳不足

甘肃省内用电负荷增长较慢，2015 年全年用电量 943 亿千瓦时，同比下降 5.3%；2015 年省内最大负荷仅为 1303 万千瓦，装机负荷比已超过 3∶1，富余发电能力 600 亿千瓦时，可再生能源消纳空间相对不足。

2. 电网外送通道不畅，可再生能源外送受限

目前，甘肃省尚未建成专用特高压电力外送电网通道，特别是河西可再生能源富集区网架相对薄弱，可再生能源电力外送能力有限。

3. 受全国电力需求低速增长因素影响，跨省交易电量市场萎缩

甘肃电力主要外送目的地包括青海、山东和华中地区，但三地接受外来电量的内生动力正明显衰减。2015 年全年外送电量 129 亿千瓦时，同比降低 11.1%。且近年来原有缺电地区加快电源建设步伐，电力自给能力逐步提高，短期内寻求开辟新的受端省份难度巨大。

（二）面临的挑战

目前，甘肃省面临的困境是：一方面，随着各类电源装机容量的迅速增长，发电市场出现产能过剩；另一方面，在经济下行影响

下，终端用电市场不景气，电力整体供需矛盾十分突出，造成甘肃省弃风弃光现象愈演愈烈。2015 年总弃风电量 82 亿千瓦时，高于北京市一个月的全社会用电量，弃风、弃光率均超过 30%，大量可再生能源发电设备低效运行。造成这种局面的深层次原因主要有以下几个方面：

1. 各类电源无序规划导致发电侧装机过剩

出于开发企业追求利益和地方政府拉动当地投资的需要，在不具备电网送出等开发条件的前提下，开发企业盲目开工建设项目；部分企业急于扩大规模、抢占市场份额，不计后果加快项目上马，造成无序建设，加剧发电侧恶性竞争和电网压力，导致限电形势进一步恶化。

2. 经济下滑导致用电市场持续低迷

甘肃的用电结构中，高载能用电量占全社会用电量的 70%，在新常态下的经济下行通道中，用电市场所受的冲击被放大。2015 年，随着经济下滑，用电量增幅下降，甘肃从 2015 年 9 月至 2016 年 7 月，全社会用电量都呈现负增长态势，各类电源间的竞争越发激烈。

3. 缺乏总体规划导致电网建设速度严重滞后于电源建设速度

电网建设与电源建设出现脱节、不匹配是西北五省区的共性问题，西北地区目前普遍面临电力装机过剩的现状。宁夏和新疆已具备一定的外送特高压通道能力，而甘肃可再生能源外送通道“酒湖工程”还在建设中。

专栏6-1　甘肃风光电站调研案例

中广核甘肃金昌西坡光伏电站

2013年建成，装机容量为5万千瓦。2016年第一季度电站出力仅为30%~40%，2015年限电更为严重，最低出力仅有10%左右，周围风光电站出力情况普遍如此。

企业对全额保障制度能否有效实施和落地普遍表示悲观。虽然酒湖线将于2017年投运，但考虑到湖南当前并不缺电，企业对外送电力也不乐观。

大唐甘肃金昌风电场

风电场理论利用小时数1800小时，2015年实际仅为1100小时左右，限电普遍存在，特别是冬季供暖期。调研当天，风电出力仅为10%，一般情况下也仅为20%。2015年参与大用户直供，风电场发电量的1/3参与了直供。这属无奈之举，不参与就发不了电。企业认为国家出台全额保障收购制度对可再生能源企业是重大利好，但对其落实情况存有疑虑。

此外，西北电网对省际交换电量实施联络线考核超出和不足均有惩罚措施。因此，虽富余电力，但不能输出。

三、甘肃促进可再生能源消纳的措施及其实施效果

在弃风限电逐年严峻的紧迫形势下，为解决可再生能源消纳难题，甘肃省在挖掘就地消纳潜力及拓展外送空间方面进行了探索和实践。

提出了点对点消纳、直接消纳和发电权置换“三步走”的可再生能源就地消纳模式。主要做法如下：一是推出大用户提供直购电交易，其核心是以优惠的补贴来吸引用电量大的企业、工业使用可再生能源，交易价格、交易量由双方协商确定。具体做法是将符合国家产业政策、环保政策的先进高载能产业纳入直购电范围直接消纳。二是开展发电权交易，组织可再生能源置换火电自备电厂发电，先后组织可再生能源置换兰州铝厂、酒钢公司等自备电厂发电，2015 年完成替代电量 14 亿千瓦时。三是开展可再生能源与集中式电采暖企业直接交易，一个采暖期可消纳可再生能源电量 428 万千瓦时。比较典型的是金昌可再生能源就地消纳试点，2014 年 12 月，金昌市政府为电锅炉、电采暖等电能替代项目搭建了供需平台，在光伏企业与电锅炉企业及电采暖小区用户之间建立了点对点消纳模式。

同时，甘肃也将目光拓展到了省外，酒湖特高压成为甘肃可再生能源企业的最大期盼。酒泉至湖南 ±800 千伏特高压直流输电工程预计 2017 年初建成投运，该项目输送能力超过 800 万千瓦，满负荷情况下每年可外送电量 420 亿千瓦时。但是事实上，2012 年以来，酒湖特高压工程的受端省份湖北和湖南都陆续投产了大型火电项目，省内水火电力生产能力也已过剩，消纳外送电量能力有限，尽管此前特高压项目在设计时平衡考虑了各地的资源协调和互补，但在当前以省为实体的能源规划体制下，各省首要保证当地电源、发电企业的生存，保证电力产业在省内的固定资产投资，跨省送电面临大量不确定因素，在现行的电力规划、协调、运行体制下，这种省间壁垒难以打破，可再生能源外送对受端省份来说最后只能变成一种调剂或补充。

目前来看，尽管甘肃做了很多尝试和努力，但无法从根本上解决消纳问题，地方政府的力量显然已经显得相对薄弱。要破局，还亟待从国家层面去综合协调统筹，地方政府配合共同解决。

四、对甘肃弃风限电问题的思考

甘肃可再生能源消纳难题并非个例。截至2015年底，西北电网总装机容量1.9亿千瓦，其中风电、光伏装机容量为5616万千瓦，占总装机容量的29.5%，是全国可再生能源装机规模最大的区域电网。但2015年全年，西北可再生能源弃电电量为208亿千瓦时，其中弃风率为31%、弃光率为18%。而同期全国的平均弃风率、弃光率约为15%和12%，弃风电量合计约350亿千瓦时，直接经济损失约180亿元，这意味着全年的弃风损失几乎抵消了2015年全年风电新增装机容量的社会经济效益。可再生能源出现严重的弃风弃光，既有当前经济减速换挡的阵痛性因素，也有深层次体制机制的制约。从调研的感受出发，我们进行了以下几方面的思考：

第一，尽管全国可再生能源基地面临的具体情况不尽相同，但其背后的成因归结起来均有几个主要的因素：一是资源禀赋决定了我国风电的开发模式，由于我国风资源与负荷逆向分布，决定了只适合在偏远、电力负荷水平低的“三北”地区建设大型的风电基地，大量风电难以近距离在当地消纳；二是电网和电源规划的脱节，由于两者规划审批流程迥异，建设速度不匹配，导致大量建成的风电项目发电量难以通过电网外送；三是我国发展可再生能源的需求与地方政府经济发展、电力规划与供需关系的不协调，导致省间壁垒进一步阻碍了可再生能源跨境消纳。而在经济形势下行的当下，各种电源之间的竞争空前激烈，种种矛盾进一步被激化。

第二，长期以来保障可再生能源发展的相关法律难以全面落实。2006 年我国《可再生能源法》的施行，使可再生能源终于有法可依，彰显了国家推动清洁能源发展的决心。近三年来国家能源局又陆续出台了多个政策力促可再生能源消纳。但由于其原则体系与制度设计的衔接不太完善，落实这些制度的相关措施“缺位”等多重原因叠加，造成法律制度无法落地的尴尬局面。未来仍需结合《可再生能源法》实施中发现的新情况、新问题，细化法律有关规定，增强可操作性，同时加强对《可再生能源法》落实情况的监督检查，强化法律的保障作用。

第三，对于甘肃的可再生能源消纳问题，当前甘肃省政府提出了以下几个解决办法：一是引导产业向能源资源丰富的“三北”地区转移，实现可再生能源就地消纳；二是建设电网高速通道，完善可再生能源全国范围消纳硬件基础；三是建立以调峰为主的可再生能源辅助服务机制，通过机制补偿火电的损失效益，提高火电企业调峰的积极性。虽然这些措施从短期看有助于缓减当前的消纳问题，但是仍然有“头疼医头、脚疼医脚”的倾向，从长远来看，要彻底解决消纳难问题，还需从更高的角度、更长远的考虑、更广阔的视野去谋划。

第四，弃风弃光归根结底是体制机制问题。可再生能源迅猛发展的十年也正是国家统一电力规划缺失的十年。2002 年的电力体制改革后，中国已经连续十年没有制定国家层面的电力规划，造成电源与电网不协调、生产与市场不匹配，进而导致可再生能源基地弃风限电。我国于 2015 年签订了《巴黎协议》，到 2020 年及 2030 年非化石能源占一次能源消费比重的 15% 和 20% 已成为中国对国际社会的庄严承诺。发展可再生能源不仅是上述地区的需要，更是国家整体战略的需要，如果按照 2020 年非水电清洁能源装机占比 9% 的目标来算，目前的可再生能源装机还要翻番才能达到目标。在此背景下，中国的能源和电力体系亟待转型。从规划上看，如何贯彻全国一盘棋，如何把可再生能源纳入整体的能源和电力规划中，是解决问题的关键点。只有对全国能源电力系统进行科学统筹规划，才能从源头上解决弃风限电问题。

五、“十三五”时期促进可再生能源积极健康发展的政策建议

“十三五”是全面深化改革、推动能源生产消费革命、构建全球能源互联网、加快能源转型的重要时期，如果不能有效解决以甘肃为代表的全国范围内的可再生能源消纳问题，整个行业发展将受到严重制约。即使装机容量增加，发电量也不会增长，造成投资浪费。2016 年 3 月，国家能源局发布《关于做好 2016 年度风电消纳工作有关要求的通知》，将甘肃作为解决弃风限电问题的试点省份和打开可再生能源发展新格局的“窗口”。因此，从全国一盘棋的角度出发，为促进

我国可再生能源的积极健康发展，我们建议：

（一）加快建立国家能源统筹协调机制

可再生能源发展规划应纳入国家电力发展总体规划，做好顶层设计，将可再生能源开发与火、水、核等多种能源开发相结合，从国家层面做好统一规划，尽快形成煤、油、气、核、可再生能源多轮驱动的能源供应体系。尽快出台全国电网发展规划，加强配套电网和跨省区输出通道的建设，提高消纳、输送能力，保证可再生能源开发、输送、利用等多个环节的健康、协调发展。只有制定科学、统一、合理的能源电力发展规划，合理安排各种电源发展的速度和规模，加强电源之间、电源与电网之间、区域及省份之间的统筹协调，打破条块分割和自顾自发展，才能从源头解决弃风限电问题。

（二）建立部门间协调管理机制

可再生能源发展涉及部门多，相关部门职能交叉，没有统一协调、统一推进、统一监管的工作协调机制，相关政策配合不够，产业发展受到制度制约。因此，应建立部门间协调管制机制，国务院能源主管部门尽快出台明确的可再生能源发展规划，统筹安排可再生能源开发建设规模和布局，协调组织可再生能源产业体系建设；其他有关部门应按职能分工完善相关价格、财税等特配套政策；涉及可再生能源发展的农业、林业、水利、建筑、海洋、国土、科技等领域，应按照可再生能源规划实施需要，做好衔接，积极推进落实有关工作，形成推动规划实施的合力。

（三）建立以可再生能源应用指标为导向的能源管理体系

我国可再生能源面临整体严重不足、局部相对过剩的不平衡，国家战略与地方战略不配套问题，因此，仅靠各方各地自发努力无法凝聚力量，还必须有量化的考核指标及具体抓手推进实施。国家能源局在 2016 年 3 月发文提出建立可再生能源开发利用目标引导制度，目的是建立全面指标统计考核体系，引导地方科学制定可再生能源开发利用目标以及能源发展规划编制、实施，明确各方责任，并在此基础上建立相应的监测和评价体系，从而实现更加有效的事中事后监管，进而推动能源系统朝绿色低碳方向转型。下一阶段应以其为先导，逐步建立全面的可再生能源指标管理和考核体系，动员和督促能源领域各个相关方推进能源转型。

（四）建立适应可再生能源发展的电力市场体制机制

随着电力体制改革的深入推进，六个配套文件明确提出要建立优先发电制度，保障清洁能源发电、调节性电源发电优先上网。根据电力体制改革的总体部署，建立适应可再生能源大规模融入电力系统的新型电力运行机制、电价形成机制和发展保障机制，落实绿色电力调度。建立促进区域微电网应用的协调机制，鼓励分布式能源自发自用，余电上网，形成分布式电源向配电网供售电的管理机制。积极探索多部制电价机制，建立容量市场、辅助服务市场，激励市场各方提供容量和辅助服务，推动各方提供灵活性市场服务。

（五）加强可再生能源政策体系建设

随着应用规模不断扩大，可再生能源面临愈加严峻的挑战，除高比例限电问题外，电价补贴缺口、规划建设配套等问题凸显。在当前环境下，仅靠延续既往政策将难以化解可再生能源发展面临的迫切问题，必须结合能源发展形势和电力体制改革进程，进行可再生能源政策和机制创新，应该吸收国外的先进经验，制定新的政策机制。由于中国的可再生能源政策包含多方面目标，因此，未来的新政策应该是一个政策体系，它不可能依靠单一的机制来实现既定目标。未来的可再生能源政策应该形成包括目标机制、定价机制、交易机制、选择机制和补偿机制在内的运行机制，以适应未来的发展需要。

参考文献

[1] 国家可再生能源中心．可再生能源电力发展信息简报［Z］．2016.

[2] 国家发展改革委．关于加快配电网建设改造的指导意见（发改能源〔2015〕1899号）［Z］．2015.

[3] 甘肃省发改委．国家核准批复酒泉至湖南±800千伏特高压直流输电工程［Z］．2015-05-22.

[4] 甘肃弃风困局为何持续恶化［N］．中国能源报，2015-09-07.

[5] 弃风限电——行业之痛［J］．风能产业，2016（1）.

[6] “弃风”加剧电改新政利好特高压输电［N］．中国经营报，2015-05-18.

[7] 国家可再生能源中心. 中国可再生能源产业发展报告2015 [M]. 北京: 中国经济出版社, 2015.

[8] 李明, 杨烈銮. 针对甘肃电网的高载能企业参与可再生能源消纳“荷—网—源”协调控制 [J]. 中国电力, 2015 (12).

第七章
Chapter Seven

以晋陕蒙典型地区为例剖析煤炭去产能的问题与路径

一、煤炭去产能政策有待进一步细化

煤炭产能过剩，行业亏损，风险加剧。中央及地方出台一系列政策取得初步效果，现需深入了解政策面临的不足，进一步优化细化政策。

（一）煤炭产能严重过剩，行业大面积亏损

2015年全国煤炭产能高达57亿吨，而消费量不足40亿吨。煤炭价格大幅下降，煤炭盈利水平连续五年持续下滑，亏损面不断扩大，企业应收账款创历史新高，债务大幅增加，企业经营困难。2015年，煤炭全行业利润总额441亿元，仅为2011年的1/10，价格比2011年下降了55%，大型企业亏损面超过90%，减发、欠发工资现象增多，矿区社会稳定形势严峻。

（二）国家出台系列文件，拟退出减量产能10亿吨

2015年12月中央经济会议把“去产能”列为当前五大结构性改革的任务之首，煤炭与钢铁成为去产能的主战场。国务院发布《关于

煤炭行业化解过剩产能实现脱困发展的意见》（国发〔2016〕7号），提出“目标从2016年开始，用3~5年的时间，再退出产能5亿吨左右、减量重组5亿吨左右，较大幅度压缩煤炭产能”。

随后，国家发展改革委、财政部、人社部、国土部、环保部、人民银行、税务总局、质检总局、安监总局、银监会、煤监局等部门围绕财税金融支持、职工安置、国土、环保、质量、安全方面，相继出台8个专项配套政策文件，去产能资金支持规模700亿元，支持去产能规模5亿吨。地方煤炭生产大省也将陆续出台相关去产能意见及政策，各地上报去产能规模总计8亿吨，超过资金支持规模3亿吨。

二、资源大省成为煤炭去产能主战场

（一）资源大省成为去产能主战场，剖析案例具有典型意义

截至2015年末，全国煤炭总产能57亿吨，未来3~5年退出产能5亿吨左右，根据国务院《关于煤炭行业化解过剩产能实现脱困发展的意见》，未来3~5年退出产能5亿吨左右，减量重组5亿吨左右。各省煤炭去产能规划中，山西化解煤炭过剩产能1亿吨以上，内蒙古、山东、河北、贵州等化解过剩产能5000万吨以上，陕西、云南、安徽化解过剩产能3000万吨以上，江苏、湖南、重庆、宁夏化解过剩产能1000万吨以上。目前，全国22个省（自治区、直辖市）已经出台并实施未来3~5年煤炭供给侧改革政策。各省已核定上报煤炭产能和未来3~5年去产能目标，包括：2015年煤矿总数，3~5年去化目标；2015年核定年产能，3~5年化解过剩产能目标（见图7-1）。

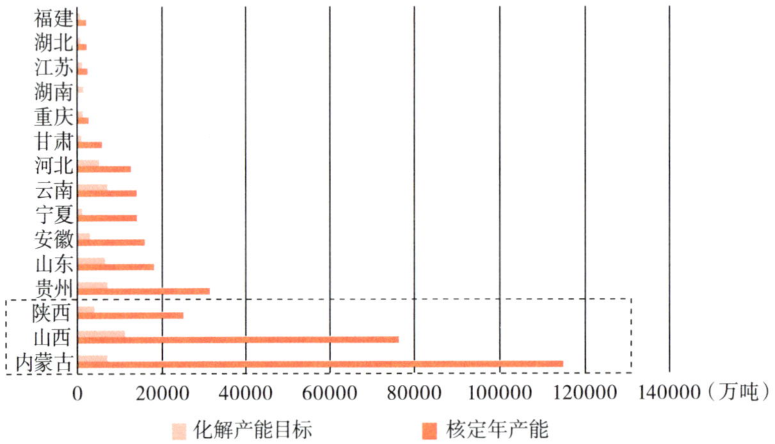

图7－1　各省去产能的情况及调研地点的选取

注：虚线框表示选取的调研地点。

（二）选择晋陕蒙地区率先突破，为整体推进探索有益经验

各省煤炭去产能的措施主要包括：①严控新建煤矿项目审批(3年内原则上停止审批煤矿项目新建)；②推进煤炭企业改革兼并重组；③执行“276个工作日”和节假日公休制度；④注销存在安全、闲置等问题企业的安全生产许可证，收回开发权；⑤完善煤炭市场机制；⑥制定退出过剩产能任务安排；⑦引导过剩产能主动退出；⑧合理安置煤炭行业过剩产能职工；⑨加强煤炭安全清洁高效生产和消费；⑩加快煤炭产业科技创新等。

一方面，山西（晋）、陕西（陕）、内蒙古（蒙）作为煤炭重要基地，分析其去产能路径具有重要现实意义。晋陕蒙为中国的重要煤炭基地，产量全国占比超过40%，成为煤炭去产能主战场之一。为此，选择内蒙古鄂尔多斯、陕西榆林、山西太原典型地区进行实地调研。

另一方面，各省情况又有差别。它们同属资源型城市，其中鄂尔多斯和榆林均为新兴的资源型城市，太原属于资源枯竭型城市。三个地方煤炭产能总计约25亿吨（山西10亿吨、内蒙古10亿吨、陕西5亿吨），三省总计去产能2.5亿~3亿吨，占全国去产能任务的50%~60%。

三、实地调研三个典型案例

调研组赴内蒙古鄂尔多斯市、山西太原、陕西榆林等多地开展调研（见表7-1）。

表7-1　调研单位和煤矿企业

座谈部门	典型矿选取
山西发展改革委、土地局、环保局、社保局、国资委	白家庄矿/晋煤集团
鄂尔多斯发展改革委、土地局、环保局、社保局、煤炭局	伊泰集团
榆林发展改革委、土地局、环保局、社保局、工信委	横山矿
煤炭行业协会等专家	—

（一）现有煤炭产能，去2.2亿吨

内蒙古已研究制定相关方案，力争用3~5年时间化解煤炭行业过剩产能约1.79亿吨，其中，引导退出产能4959万吨，引导减量化生产1.29亿吨。

陕西计划未来5年退出煤矿76个，核减产能0.47亿吨/年。根据作者估计，未来榆林地区按“276个工作日”生产，可减量化生产0.3亿吨。

山西要求全省煤矿依法合规、严格按照新确定的生产能力组织生

产，生产矿井按照原核定生产能力的84%进行减量化生产，全年产量控制在7.6亿吨，禁止超能力、超强度、超定员生产。

三省煤炭产能情况及去产能计划如表7－2所示。

表7－2　三省煤炭产能情况及去产能计划

省区	2015年煤矿总数	2015年核定产能（亿吨）	3～5年化解过剩产能（亿吨）	煤炭去产能计划
山西	526	7.6	1.1	未来5年化解4亿～5亿吨过剩产能，将煤炭产能控制在10亿吨以内
内蒙古	588	11.5	0.7	3～5年化解煤炭过剩产能1.79亿吨，其中引导退出产能4959万吨，按照“276个工作日”重新核定产能，引导减量化生产1.29亿吨
陕西	175	2.5	0.4	2016年重点开发陕北和彬长煤矿，逐步关闭渭北老矿区

（二）现有产能现状的历史成因

晋陕蒙现有的产能情况是全国煤炭产能扩张的一个缩影。晋陕蒙的产能扩张是全国的一个缩影。“十一五”时期全国累计投资完成1.25万亿元，“十二五”时期完成2.42万亿元。在煤炭十年的黄金时期，投资不断增长。煤炭产能快速增长，同比增幅达到94.2%。发展黄金期中民营企业高预期下的盲目跟进形成煤炭产能过剩，也是多方面因素长期累积所致。调研过程中，相关部门与企业均反映，当前煤炭出现产能过剩，既有企业自身经营决策的原因，又有政府干预的因素。

从企业角度，煤炭“黄金十年”中，在强劲的市场需求与利益驱动下形成生产投资惯性，且没有及时预判到本轮经济下行带来的市场供需形势急剧变化，导致出现非理性的投资冲动，形成了过剩的供应能力。此外，由于国有企业存在的预算软约束、政府担保、自身绩效考核体制等问题，也影响了企业理性的投资决策。

从政府干预角度，相关部门和企业反映，政府对煤炭行业干预过多也是本轮煤炭产能过剩的原因。官员考核机制下地方有发展 GDP 的冲动，对于晋陕蒙这样的煤炭资源富集省份，大力发展煤炭产业是煤炭“黄金十年”时期地方 GDP 增长的主要抓手。政府没有形成理性的产业政策，审批制客观上造成了煤炭项目资源的稀缺性，引导全社会资本涌入煤炭产业，导致煤炭产能无序扩张。

（三）典型煤矿案例分析

内蒙古鄂尔多斯探明储量 2017 亿吨，占全国的 1/6。目前全市煤矿 340 座，生产能力 7.6 亿吨/年，开采年限超过 100 年，先进产能 3.4 亿吨。近年来煤矿企业负债增加、回款困难、企业降薪、安全生产投入不断减少、技术工人队伍不稳定。需五年内有序退出 60 万吨以下矿 25 座，核定产能 876 万吨/年。

专栏 7－1　内蒙古鄂尔多斯伊泰集团

去产能情况：集团原有 17 座煤矿，2 座处在审批中，15 座生产矿，核定生产能力 5620 万吨；目前，10 座生产矿因经济性因素已经自行停产，剩余 5 座生产矿，产量为 2620 万吨，其中，两座生产矿微利，3座生产矿为摊销固定资本。通过本轮去产能，新核准的产能下降到2200万吨，缩减为设计产能的84%。

人员安置：集团正式员工7500人，外部劳务人员2000余人。10座矿停产后，10支专业化矿工队伍被解散。其中，外部劳务外聘员工，参照劳动合同，以增加赔付1个月薪水的补偿标准解除合约。内部员工，主要涉及各停产矿的中层干部，总计300余人，通过多种渠道解决：一是回购洗选中心、生产运营中心，安置130人；二是成立关爱中心，安排年龄较大的职工，每月3700元，待岗，100余人；三是解散集团内部劳务外聘的运销、保洁、保安人员，空余出岗位留给集团内部职工。

产权结构：该企业全员持股，成立初期以每股1元的价格认购。

专栏7-2　山西太原白家庄煤矿

去产能情况：在3座老国有煤矿中，两座煤矿因资源枯竭已经关闭，剩下1座煤矿产能60万吨，已被列入山西省去产能目录。

人员安置：员工总计7700余人。在职3100多人，离退休3600人。此外还涉及抚恤对象1200~1300人；因工伤导致的伤残人员70余人。历史欠账多，当前“花钱买稳定”。在职职工工资拖欠严重，至调研时已拖欠5个月；3600名退休人员，加之1200多位家属的抚恤金，年支出1000余万元。法律纠纷多，劳资关系不清，很多员工离开后，但凡遇到困难，就找矿上解决，如出现自杀、事故身亡等，都找矿上要补贴。矿上整日为各类历史问题忙得焦头烂额。

产权结构：国有企业，劳资关系不清。供水、供暖、棚户区改造、修路等问题，也都需矿上解决，成为该企业的沉重负担。

专栏7-3 陕西榆林横山县煤矿

去产能情况：陕西榆林横山县煤矿，设计产能30万吨，服务年限21年。手续基本齐备，正在联合运行中，等待最终验收。该矿建设已接近3亿元。其中包括：村民集资入股8000余万元，因设备欠款、工程欠款形成的债务达1.4亿元，此外还有部分资源价款。榆林拟将该矿列入去产能计划，但阻力较大。

涉及人员：宋家洼和高家沟两村共计2000余人，每人集资4万元。由于缺乏经济来源，大部分村民的集资款，要么来自亲戚，要么来自民间借贷，年利率高达24%。每家一般投入16万~20万元。

产权结构：人均4万元集资兴建，村民持股。

调研组共调研了三座煤矿：两座生产矿，一座建设矿。其中一座煤矿为国有煤矿，其他两座为民营煤矿。三座典型矿的基本情况如下：

生产矿1：民营煤矿（伊泰集团），核定产能5620万吨，去年实际产量2600万吨，自行减产，人员有序转产安置。

生产矿2：国有煤矿（白家庄矿），核定产能100万吨，2015年产量50万吨，由于建矿久，包袱重、养老职工压力负担重。

建设矿3：民营煤矿（横山矿），设计产能120万吨/年，手续齐备，联合运行，待验收。

鄂尔多斯伊泰煤矿：由于煤炭市场低迷（连云港煤价300元），加之运输成本较高（230元/吨），伊泰A矿坑口价成本只有低于64元/吨才能盈利，大部分在微利运行。

山西太原白家庄煤矿1930年建矿，为国有煤矿。三个矿井口，其中松鼠坑、南坑由于资源枯竭已关闭。该煤矿利用10年时间扩展杨庄梯级矿尚无结果。剩余一井口为100万吨级矿，由于热值低、品位差、矿售价较低、缺乏竞争力，2015年仅卖出50万吨。基本是在亏损情况下勉强经营。

榆林横山矿：当地村民以种地为生，大部分没有积蓄，受2009年高煤价诱惑，开始入股建设煤矿。由于高利贷利息较高，加之村民祖辈都以农业为生，难以依靠外出打工偿付高利贷，只得期待煤矿尽快投产。直接生产成本70元，煤矿有一定竞争力。

（四）人员负担对比

白家庄矿始建于1934年。因为资源面临枯竭、债台高筑，不得不于2004年宣布“政策性破产”。截至2002年底，白家庄煤矿累计亏损8000余万元，企业资产1.36亿元，债务1.73亿元，早已资不抵债。白家庄几千矿工开始在原有井田上进行“残采”，即开采昔日残留的边角料资源度日。一线工人都是“一人养活一家人”，而且国企承担了许多社会责任，譬如每年安排大量退伍军人和矿区子弟就业（见图7－2）。

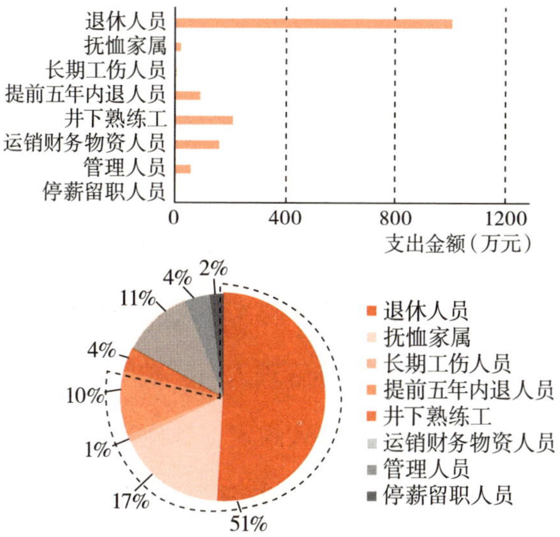

图7－2　白家庄煤矿人员结构及人员支出情况

在20世纪90年代末的亚洲金融危机时，还未更名为西山煤电集团的西山矿务局靠银行贷款发工资渡过了难关。好在2003年市场回暖后，并迎来波澜壮阔的“黑金十年”，负债很快得以消化。近两年因为经济效益不好，所有职工的工资均被大幅调低，甚至机关实行轮岗，在岗者实施“四天工作制”——通过放假减薪。

在白家庄矿的座谈中，社会的协作关系就是煤炭企业之间的协作关系，严重缺乏提供社会功能的协作网络。从供水、供电、供热和物业管理，一直到棚户区改造、村镇修路，仿佛整个社会是由一个个庞大的煤炭企业提供着各种社会职能，满足着人们的需求。在这样一个协作关系下，一旦一个人脱离了这个网络，就会感到自己“没有着落”。很多人在煤炭黄金期跑关系把子女安排进企业，希望能有个保障，进了国企

“就感觉自己有了靠山”。然而白家庄这个靠山却早已被掏空。对3600名退休职工以及1200名抚恤家属一年的刚性支出超过1000万元，对于一个年产30万吨的老矿而言，这是一笔沉重的负担。

反观伊泰集团，其在鄂尔多斯处在一个多元深度协作网络。以目前因经济因素已经关停的诚意煤矿为例。伊泰集团投资煤矿建设，获得采矿证，招标选择施工采煤单位，外聘两支综采队、一支掘进队、一支灾害治理的施工队伍，总计外聘420人。总公司下派本企业职工50人的财务、运销、安全环保等管理人员。关于安全、社保、工伤等相关细节，均由施工合同进行细致约定。各施工队伍为每个煤矿工人购买商业保险，到伊泰集团“实报实销”，过程中所出现的工伤等事故，均通过商业保险处理。一旦发生事故或人员安置有问题，均由商业保险兜底。诚意煤矿采完上煤层后，下煤层较薄，以当前的煤炭价格，不再支撑开采。因此煤矿停产，420人的各类施工队伍被解除劳务关系，全部解散。总公司仅保留少数人员驻地，定期进行通风、疏水等安全防灾工作。煤矿处在一个有限边界的协作网络中。

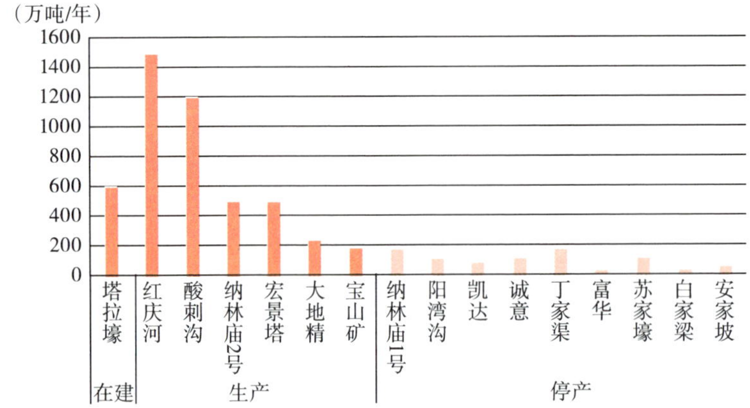

图7-3　伊泰集团关停矿产能情况

四、现行政策八大痛点

作者通过本次调研发现，在“去产能”工作推进及“去产能”系列政策落实的过程中，出现了一些困难和问题。结合调研情况反思已有政策如下：

（一）各方对“276 个工作日”政策态度不一，执行成本的高低决定执行难度

“276 个工作日”减量化政策缺乏弹性，存在“一刀切”问题。国发〔2016〕7 号文规定：“引导企业实行减量化生产，从 2016 年开始，按全年作业时间不超过 276 个工作日重新确定煤矿产能，原则上法定节假日和周日不安排生产。”2016 年 4 月，四部委发布《关于进一步规范和改善煤炭生产经营秩序的通知》（发改运行〔2016〕593 号），强调按“276 个工作日”确定产能、法定节假日和周日不安排生产的规定。

调研过程中，相关部门与企业普遍反映，在实际执行“276 个工作日”减量化生产规定时，一般都采取“一刀切”的方式，给企业生产经营与管理带来多方面困难，具体概括以下几方面：第一，对先进产能与落后产能不加区别地进行限制，不利于行业健康发展。第二，与行业连续生产的规律相冲突。频繁停产复产不仅造成设备闲置，人员工效降低，增大安全隐患与管理难度，也不可避免造成煤炭企业吨煤成本上升，不利于效率提升与煤炭行业脱困。第三，对企业的日常管理造成不便，生产单位原本实行轮休，现在变成公休，由于休假时

间短而分散，职工不能回家，节假日只能留在矿上休息，打乱了日常管理秩序。第四，实行定期集中休息，则使生产和销售不能保持连续性，对煤炭调运不利，对市场形成干扰。

针对目前已出台的“去产能”政策中存在的“一刀切”、表述模糊、细则未出、扶持力度较弱等问题，建议进一步完善“去产能”政策体系，在已有国发〔2016〕7号文与8个专项配套政策的基础之上，针对实际执行过程中遇到的具体问题，适时调整相关的政策规定。

煤炭去产能政策体系与关键点如图7－4所示。

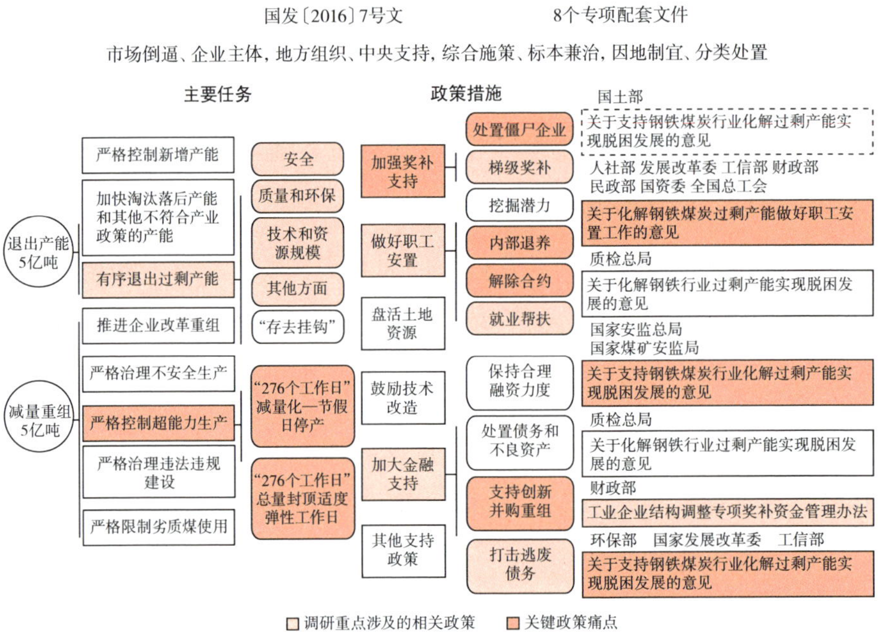

图7－4 煤炭“去产能”政策体系和关键点

（二）退补细则有待进一步明确，扶持力度有待加强

为支持煤炭行业化解过剩产能工作，财政部已发布《工业企业结

构调整专项奖补资金管理办法》，明确该专项奖补资金的分配方法与使用范围。该管理办法虽然指出“专项奖补资金由地方和中央企业主要用于国有企业职工分流安置工作，也可统筹用于符合条件的非国有企业职工分流安置，具体使用范围由各省（区、市）结合实际确定”，但是并未明确用于非国有企业的比例与范围。调研时相关部门和企业反映，在部分地区如鄂尔多斯市，列入5年退出计划的煤矿以地方民营企业为主。目前由于民营煤企如何享受专项奖补资金的政策并不明确，地方民营煤企退出产能的积极性不高，如何执行有待后续细则出台。

调研过程中，相关企业还认为，虽然政府已经出台了一系列针对煤炭行业脱困的政策，但是政策扶持力度还有待加强。2015年某企业产运销整个环节的税费占营业收入的比例高达27%，吨煤税费达72元。其中，生产环节税金包括增值税、资源税、采空区耕地占用税、土地使用税等；运销环节主要为铁路建设基金和港口建设费。企业呼吁，当前煤炭企业处于极度困难时期，急需国家和地方出台减免税费、降低征地拆迁费用、降低融资成本、加快煤炭转化项目审批等各种减负和支持性政策，帮助煤炭行业脱困，平稳推进“去产能”。还有部门反映，目前政策对人员安置的支持力度不够，比当时破产的职工安置支持力度更弱，特别是对于接近退休年龄不足5年的职工。

（三）部分政策标准表述模糊，实际执行存在困难

调研过程中，相关部门反映，虽然国家已经对煤炭“去产能”工作做出了全面部署，印发了国发〔2016〕7号文与8个专项配套政策文件。但是文件在属于过剩产能的煤矿界定标准、淘汰落后产能的具

体比例等方面，仍然存在一些表述模糊、无明确标准的规定，地方在实际执行时遇到困难。

例如，国发〔2016〕7号文中要求“长期亏损、资不抵债的煤矿；长期停产、停建的煤矿；资源枯竭、资源赋存条件差的煤矿；不承担社会责任、长期欠缴税款和社会保障费用的煤矿”要有序退出过剩产能，但政策对这四类煤矿仅使用了描述性语句，没有规定具体标准。地方在政策执行时存在鉴定困难，也无法确定这四类煤矿的具体所指对象以及应退出的过剩产能总量。

又如，国土资规〔2016〕3号文中指出：“国发〔2016〕7号文件之前已经项目核准（核增）机关批准的煤矿建设项目，需按一定比例与淘汰落后产能和化解产能过剩挂钩，完成淘汰落后产能和化解过剩产能任务，并由省级人民政府有关部门公告后，方可办理其采矿权新立和变更扩大生产规模受理审批手续。”地方反映，由于该文件仅指出“一定比例”，具体多少比例没有明确规定，地方不知如何执行，导致一些具备安全生产条件、国家也核准了的项目，暂时无法办理采矿权，影响正常生产。

（四）人员安置问题突出，社会风险不容忽视

煤炭产业从业人员众多。国家统计局第三次全国经济普查数据显示，全国煤炭行业从业人员已经超过600万人。调研中的山西、陕西、内蒙古三省都是煤炭生产大省，煤炭行业是吸纳社会就业的重要部门。

“去产能”工作的推进同时也伴随着煤炭从业人员的分流安置问题。在本次调研过程中了解到，人员分流安置压力巨大，这不仅是因为需要分流的从业人员基数庞大，分流任务重，还由煤炭行业本身的

就业特点导致。相关企业与部门反映的困难与问题可总结为以下几方面：第一，煤矿就业条件艰苦，煤矿的员工多数文化素质较低，生产技能也多数是单一的煤矿井下工作技能，对煤炭依赖程度强。由于煤炭行业整体不景气，而职工转岗就业面临着素质与技能难以满足其他岗位需要的困难，在就业市场上竞争力较弱，多数只能投入社会从事保安、保洁等工作，但是这些工作岗位的需求也有限。第二，煤矿长期工伤、长期生病、年龄较大的员工也是分流的难点。这部分员工劳动能力相对低下，转岗就业困难，内部退养给煤矿造成沉重负担。尤其对于经营多年、资源枯竭的老矿，职工年龄结构老化，伤病人员较多，煤矿经营又极其困难，这类煤矿退出时，人员安置压力更大。第三，煤矿行业涉及面广，一人就业，全家依赖煤矿生活的现象非常普遍，这就造成了矿区富余人员众多，“去产能”的推进需要妥善处理煤矿职工及其家属的生计问题。

（五）煤矿安全投入减少，生产隐患加剧

调研过程中，相关部门与企业反映，受经济形势严峻与煤炭行业经营举步维艰影响，煤矿安全生产隐患叠加，处于生产事故多发的临界点、易发期，各地安全生产压力急剧增大。由于煤炭企业亏损严重，能够用于安全投入的人力物力财力不足。安全生产投入减少，生产隐患叠加。

部分煤矿不能足额提取和使用安全费用，重大灾害治理投入不足。尤其是一些老矿井，成本高、人员多、包袱重、亏损大，保矿保生存的压力极大，安全投入没有资金保障。企业领导疲于应对经营困境与人员分流安置，分散了抓安全生产的精力。职工收入大幅降低甚至被

拖欠工资，生产秩序受到影响，尤其是工程技术人员和高级技工流失严重，技术力量弱化。面对煤价低迷，煤矿以量补亏、以量保本、以量增利问题突出，“三超”生产现象屡禁不止，安全隐患增加。

（六）企业债务风险高企，违约风险增加

产能过剩、供需失衡引发的行业大面积亏损在煤炭行业突出地表现出来。中国煤炭工业协会数据显示，2015 年大型煤炭企业亏损面超过 90%。煤炭企业负债高企，Wind 数据显示，截至 2016 年第一季度末，39 家上市煤炭企业平均资产负债率为 59.16%，超过 70% 警戒线的有 10 家。

与负债总额激增相伴的是，煤炭企业财务费用率高企，企业需支付金额巨大的利息费用。与此同时，煤炭企业的后续新融资陷入融资难、融资贵、融资渠道单一的困境。由于煤炭行业形势严峻，市场风险较大，银行新增授信额度困难，发债同样困难，目前只有高风险的信托可能新增这类项目。虽然地方政府会要求银行给予金融扶持，但是帮助有限。短期债券融资成为募资的主渠道，但这会使企业短期偿债压力增大。

随着企业盈利的持续恶化，债务风险高企，尤其一些资源枯竭型、亏损比较严重的企业，债务风险相对更高。企业之间“三角债”“多角债”纠纷不断。贷款互相担保也问题严重，尤其是大型国有煤炭集团。调研时有企业反映，即使是对于一些股份制煤矿，国有股份与民营股份分别履行担保责任，但是银行要求由国有企业担保，所以债务虽然在矿井，最后所有的债务都转移至国有的企业集团，一旦发生债务违约，容易蔓延形成系统性金融风险。部分地区还反映，有的煤矿

大部分建设资金来源于民间借贷，涉及债权人较多，如果强制退出产能会引发社会不稳定因素。

（七）部分煤矿产权结构复杂，执行面临无法可依

调研过程中，相关部门与企业均反映，“去产能”时，股份制矿井推进“去产能”比较困难，矛盾重重。例如，调研过程中山西反映，该地区资源整合工作在全国率先开展，股份制矿井占比较高。对于这类矿井，在“去产能”时涉及民营企业股权，其关闭退出需股东大会决议，在是否愿意退出、资产与股权如何处置、民营股份附加条件等问题上，有诸多争议，处理起来非常复杂。目前的“去产能”政策对于资源整合矿井如何处置，仅有一些原则性规定，但指导不了具体实践。

资源整合、矿井重组、关破改制、主辅分离等历史遗留问题在“去产能”时更加突出，矛盾重重。尤其是资源整合矿井，新老股东之间的股权纠纷，周边村民与煤矿企业之间的占地补偿、土地塌陷补偿、搬迁费纷争，严重影响煤矿企业正常的生产工作秩序。

（八）国企历史包袱重，负有超能力责任

调研过程中部分地区的企业还反映，企业办社会负担重、国有企业负有超能力责任等因素，也使“去产能”推进时面临“包袱重”“步子迈不开”的困境，这一现象在山西表现得尤为明显。

企业办社会问题在煤矿很常见。调研组走访了山西某矿业公司，座谈时该矿反映，由于是年代已久的老矿，矿区以棚户区居多，没有市场化的物业管理，都是由煤矿负担矿区的棚户区治理、水电气暖维

护等成本。由于煤矿工人经常是一人在矿区就业，全家老小都在矿区生活，生计全靠煤矿收入来维持，一旦出现生产事故或者行业效益下滑，整个家庭便没有了生计来源，容易引发社会不稳定问题，煤矿也花了大量时间与成本维持矿区的稳定。

国有煤企职工分流安置非常困难。由于就业观念根深蒂固，职工普遍看中国有企业的稳定保障，即使煤矿经营每况愈下，结束终止劳动合同也比较困难，职工不愿意离开煤矿。调研过程中还有国有煤企反映，该煤矿每年需要接收退伍军人等人员安置，形成庞大的职工规模，并且长年积累了大量领取抚恤金的人员，给企业造成沉重负担。

五、完善政策的几点建议

推进煤炭行业化解过剩产能是一项综合而复杂的系统工程，需要统筹兼顾、系统科学、市场倒逼与政府支持并举、约束与激励相结合的政策设计。本部分重点针对第四部分所述调研过程中发现的“去产能”工作存在的问题，相应提出政策建议。2016 年重点：明确先进产能标准，降低“276 个工作日”执行成本，恪守安全与环境责任。中期重点：妥善处置债务风险，减少城市空间建设行政门槛。远期重点：行政与市场相结合，重视并创新经济手段推进“去产能”工作，充分发挥煤炭交易中心的作用。

（一）因地制宜，完善“去产能”政策体系

明确标准，降低执行标准。逐步替代“一刀切”式政策规定，构建更为精细化、更加因地制宜、更具灵活度的“去产能”政策体系。

对于“276个工作日”确定产能、法定节假日和周日不安排生产的规定，建议仍然对全年作业时间实行一定限制以实现产能减量化，但允许地方根据实际情况进行适度调整；允许企业根据生产经营实际情况，在不突破作业工作日约束的前提下，自由安排生产计划，不强制要求节假日和周日不安排生产。

对于煤炭行业化解过剩产能的财政资金支持，应进一步细化专项奖补资金的管理与使用，出台相应的细则，并确保资金的及时到位。根据“去产能”工作进展，可适时调整资金支持力度，对于推进“去产能”困难与障碍严重的地区与企业，可给予一定政策倾斜，以保证“去产能”工作的攻坚克难。

对于“去产能”政策标准表述模糊的问题，应该在广泛深入调研的基础之上，对已出台的政策做出修订与完善。尤其是对于应有序退出的过剩产能，要科学、合理、明确地制定具体标准，核算应退出的过剩产能总量，核定已退出的过剩产能数量，使“去产能”能够有序、有效推进。

在国家化解煤炭过剩产能的总体目标与工作进度的指导下，各省可根据本省实际，如煤炭资源禀赋、开采工艺、安全保障、行业运行等情况，在深入研究的基础上，因地制宜地制定本地工作方案，设定合理可行的“去产能”目标与时间表，实施“分类管理，有保有压”。

也可给予企业“去产能”工作一定的弹性与灵活度，探索实行煤炭去产能存去挂钩的机制，允许企业对产能进行分类调整，主动退出资源枯竭、技术落后、经营困难的产能，保留资源禀赋好、生产工艺先进、经营良好的产能，激活留存产能的生产潜力和经营活力。

（二）“去产能”过程中要恪守安全生产与环境保护责任边界

在煤炭行业陷入整体低迷、“去产能”工作有序推进的过程中，仍要重视并坚守安全生产与环境保护的责任边界。

严抓煤矿安全生产工作，建立健全煤矿安全生产长效机制。在“去产能”过程中，进一步加强煤矿施工企业准入和安全管理，严格煤矿企业和管理人员准入；要进一步严格安全生产信用分类管理，根据煤矿安全生产条件、安全生产行为、安全生产业绩等情况，建立煤炭企业安全生产信用档案，将安全生产信用评价结果运用到“去产能”工作中；要进一步深化煤矿整顿关闭工作，对于符合关闭情形的，要及时退出产能。

“去产能”过程中，要继续严抓煤炭生产、储存、运输、消费全过程的环境保护约束，将环境评价与“去产能”工作相结合，鼓励煤炭生产走绿色发展之路，建设新兴矿区和绿色矿山，实现矿区清洁生产和污染排放最小化。同时要推进煤炭清洁高效利用，延长消费产业链条。

（三）妥善处理债务风险，解决国企预算软约束问题

围绕《关于支持钢铁煤炭行业化解产能实现脱困发展的意见》（银发〔2016〕118号），妥善处理煤炭行业债务风险问题。要对煤炭行业、对产能过剩严重的煤炭生产省份的煤炭相关债务问题，以及可能触发的系统性风险进行全面深入的摸底研究，制定处理煤炭债务风险的工作方案。“去产能”过程中，要严格坚持区别对待、有扶有控

的原则，跟踪对接地方政府与中央企业化解煤炭过剩产能的实施方案，及早应对可能出现的违约风险；对于经营绩效好、资产质量优的煤炭企业，仍要满足其合理资金需求，支持其健康发展。要积极推动煤炭企业去杠杆、降成本，扩大直接融资比重，并积极引入股债、贷债结合产品和绿色债券创新。支持银行加快不良资产处置；对于目前煤炭产能过剩地区存在的利用民间借贷、互联网金融等途径进行高杠杆、高财务成本的融资问题，要深入摸底、加强重视、稳妥处理。

深化改革，“去产能”要与国企改革等相结合，解决国企预算软约束问题。对于产能过剩严重的国有煤炭企业，要硬化其预算约束，一方面取消或减少可能存在的对国有煤企的补贴，另一方面结合利率市场化，增强其对利率的敏感性，逐步解决软预算约束、刚性兑付、政府隐性担保等问题。